散 打

马传浩 编著

吉林文史出版社

目录

第六章　散打基本战术

第七章　散打常见运动损伤及处理

第八章　国际通用散打竞赛规则与裁判法

第一章

散打的历史概况

散打运动的起源

散打在我国历代有诸多的称谓，如相搏、手搏、白打、对拆、技击等。它的发端可追溯至远古时期我国先民的生产活动。在远古时期，人类为了生存，除使用木棒、石头等简陋的武器与野兽搏斗外，还必须依靠自身的徒手技能与之进行肉搏战。随着搏斗经验的不断积累，人们也就逐渐获得了使用武器和徒手的搏击能力，这就是武术格斗的萌芽。随着私有制的产生，部落间的战争使人与人“相搏”的技能不断发展。西汉时期的储具圆雕《格斗》就生动地展现了徒手相搏的场景。

散打起源经历了以下 8 个时期：

1. 春秋战国时期

春秋战国时期徒手搏斗技术，如“相搏”“技击”“拳勇”等已普遍开展。相搏攻防技术中，除拳打、脚踢外，摔法、拿法也有发展。

如《公羊传》中记载的“万怒，搏闵公，绝其脰”中，“绝其脰”就是擒拿中的锁喉法。这一时期，搏斗战术也有了一定的发展。如《荀子·议兵篪》记载：“若手臂之捍头目，而覆胸臆也，诈而袭之与先惊而后击之，一也。”从文中可以看出，相搏已采用了“惊上取下、佯攻巧打”的战术。

2. 秦汉时期

秦汉时期，徒手格斗被称为“手搏”。据有关史料记载，当时的手搏比赛已比较正规，比赛时由裁判人员主持。这一时期还有理论专著问世，如《手搏六篇》。

3. 隋唐五代时期

隋唐五代时期，手搏、角抵备受重视，比赛几乎形成制度，正月十五及七月十五中元节多有手搏、角抵比赛。《隋书》记载了当时比赛的热闹场景：大业六年，来自各地的高手云集在街，各献“天下奇技”。一比就是几天，甚至“终月而罢”。这一时期的比赛，没有护具及体重分级，除击打外主要靠摔倒对方取胜。

4. 两宋时期

两宋时期，手搏与角抵在民间更为流行。当时，民间每年都要举行“露台争交”的比赛，比赛还制定了相应的“规则”：比赛分3个回合；比赛中不准“揪住短儿”“拽起侉儿”；可以拽直拳、使横拳、使脚剪、拳打、脚踢、绊摔都可以。我国较早记载角抵、手搏的武术专著《角力记》就是这一时期问世的。

5. 元朝

元朝统治者严禁民间持有兵器或习武，采用了残酷的镇压手段，因而民间练武活动没有史料记载。但无数次的农民起义又推动了民间武术搏击的发展。这一时期的武艺主要以家传方式秘密传授。

6. 明朝

明朝是中国古代武术承上启下的重要发展时期，也是我国民间武术进入全面成熟的时期。武技在保留技击特点的基础上，逐渐产生了流派林立的套路技术。此时的手搏多称为“白打”或“搏击”，被列入当时的“十八般武艺”之中。当时民间的“打擂比武”之风很盛。赛前先设擂主，由擂主安排好高手应战。为避免纠纷，凡愿与其较量高低的人，临场立好“生死文书”，然后上“献台”攻擂。比赛由“布署”主持，并规定比赛双方先败下台者为输方。

7. 清朝

清朝统治者严禁民间练武。但伴随着农民运动的兴起及秘密结社组织的产生，出现了不少练武的“社”“馆”。各馆兄弟操练武艺，经常通过比武较量来发展技艺。武技流派之多达到空前的地步，流行的、技术风格各异的套路有几百种之多。

8. 民国初期

这一时期，习武开禁，拳技之风蓬勃一时。技击大师霍元甲在上海创立了“精武体育会”；中央国术馆也相继成立，并于 1928 年 10 月 28 日在南京举行了第一届“国术国考”。国考设有散打赛，不分级别，不戴护具，打法不限流派。比赛中，凡用手、脚、膝击中对方有效部位得一点，凡击中对方眼部、喉部、裆部为犯规，采用三局两胜制。1933 年，中央国术馆在南京举办了第二届“国术国考”，设有男、女散打比赛，以“点到为止”决胜负。

至此，“凡用手、肘、脚、膝击中对方有效部位得一点，凡击中对方眼部、喉部、裆部为犯规，三局两胜”“以‘点到为止’决胜负”等等这些规则的制定与执行，标志着散打运动的雏形已基本确立。

现代散打运动的形成与发展

我国武术打练结合经久不衰，炎黄子孙一直以武术健身、武术强国而自豪，并逐步将其浓缩成为我国人民具有个性特色的爱国主义精神和中华民族精神，成为中华民族传统文化的精髓之一。新中国成立后，武术被作为优秀的民族文化遗产加以继承和发扬，但由于历史上的种种原因，20 世纪 50 年代以后的武术运用一直以套路形式作为主要的发展方向，直到 1979 年，中国武术界才开始进行现代散打运动的试验和比赛。

现代散打运动经过最近 20 余年的发展和完善，已慢慢演化成了一项现代竞技体育项目，有高度的格斗搏击性能。但作为一项竞技体育项目，它必须遵循体育竞技运动的规律和要求，体现“以人为本”“健康第一”的原则。所以现代散打运动对传统的实用散打技术进行了有目的的舍取整合，使之符合体育竞赛的特点。《武术散打竞

赛规则》中严格规定有效得分部位和禁止击打要害部位，以及禁止使用的方法和可用法，这些最终使传统武术散打发生了质的变化，成为具有传统体育属性的竞技运动项目。

现代散打运动的形成和发展大致经历了3个阶段：

1. 初步试验阶段（1979—1988）

1979年3月，随着全国“武术热”的兴起，为全面继承和发展武术这一古老的传统文化遗产，当时国家体委决定按照竞技体育的模式首先在浙江省体委、北京体育学院和武汉体育学院3个单位进行武术对抗性项目的试点训练，待取得经验后再在全国推广它。1979年5月，在广西南宁举行的全国武术观摩交流大会上，试点单位做了首次汇报表演。同年10月，在第4届全国运动会上，国家体委又调集浙江体委、北京体育学院、武汉体育学院和河北散打队赴石家庄进行了公开的表演，并在此基础上，初步拟定了武术散打的竞赛办法。1980年5月，在太原市举行的全国武术观摩交流大会上，进行散打表演的省、市较以前增多，同时北京体育学院和武汉体育学院进行了内部技术交流和座谈，为武术散打技术的规范和提高起到了促进作用。1980年10月，国家体委又调集散打试点单位的有关人员开始拟定《武术散打竞赛规则》（征求意见稿）。1981年5月，在沈阳举行的全国武术观摩交流大会上，北京体育学院与武汉体育学院进行了第一次公开对抗表演赛。1982年1月，制定了《武术散打竞赛规则》（初稿），并按此规则在北京举行了全国武术对抗项目（散打）邀请赛。

至此，本着“积极”“稳妥”的原则，我国每年都举行一次全国性的武术对抗项目（散打）表演赛，并不断总结经验，充实和完善规则。1987年的表演赛首次采用了首擂台比武的办法，从而制定了以擂台为民族特色的武术对抗项目竞赛形式。1988年10月，中国武术研究院和中国武术协会举办了首届国际武术节，并在深圳会场举行了首次国际武术散打擂台邀请赛，来自15个国家和地区的近60名运动员参加了为期3天的7个级别的角逐。我国派出了5名队员参加比赛，分别获得了5个级别的冠军。这是我国运动员首次向世界展示中国武术散打的风姿。

这一时期，武术散打得到了各省、市、自治区体委的普遍重视和支持，各地武术馆、武术学校也如雨后春笋般建立起来，散打运动在群众中已有了广泛基础，出现了可喜的局面。随着武术散打活动的开展和参加比赛的单位不断增加，各种类型的全国性武术散打邀请赛先后在成都、重庆、郑州、沧州、武当山等地举行。

2. 快速发展阶段（1989—1998）

1989年，散打运动被批准为国家正式比赛项目，为散打运动的快速、全面发展创造了有利条件。1990年，国家体委正式公布《武术散打运动员技术等级标准》，同时批准了首批14名散打武英级运动员；中国武术散打裁判员队伍，经过数年的实践和努力初步形成

体系，同年经过考核，原国家体委批准了第一批国家级武术散打裁判员。1990年正式成立了“国际武术联合会”，并在北京举办了“迅华杯”国际武术散打邀请赛。这是国际武术联合会成立后第一次全面检验成员国开展武术散打运动情况的活动，反映了散打运动被各国认可和接受的可喜前景，也为各界武术锦标赛的设项提供了可靠的依据。

1991年，经国家体委审定，《武术散打竞赛规则》正式出台，并实行裁判员、运动员等级制度，这标志着现代散打运动正式成为一项现代竞技体育项目。同年，国际武术联合会在北京举行了首届世界武术锦标赛，散打被列为表演项目。在此后每两年一届的世界武术锦标赛上，散打被列为正式比赛项目。此外，1992年，在香港举行的第三届亚洲武术锦标赛上也把散打列为表演项目。1993年，散打运动被列为第七届全运会比赛项目，设男子团体金牌一块。1996年，在菲律宾举行的第四届亚洲武术锦标赛上，散打被列为正式比赛项目。1997年，在上海举行的第八届全运会上将金牌增至3块，分设大级别、中级别、小级别3个小团体。1998年，在泰国举行的第十三届亚运会上，散打被列为正式比赛项目，并设立了5个级别的金牌。

这一时期，散打运动在全国高等学校体育学院（系）中也得到了普遍开展。部分体育学院把散打运动列为重点项目，全国各地的民间武术馆、武术学校则把散打作为教学训练的主要内容，部队和公安系统更是将散打运动作为训练徒手格斗技能的必修科目。各省、市体委、直属体院和行业体协纷纷成立散打专业运动队。

与此同时，为了让世界各国更多的武术爱好者了解散打运动，国际武术联合会和中国武术协会组织编写了大量的国际武术散打教材，多次举办各种类型的国际武术散打教练员、裁判员学习班，同时还派出大批的专家、教练员到各国去推广普及散打运动项目，甚至帮助他们组建和训练运动队参加世界各类散打比赛。这些努力都无形中提高了各国武术散打运动的技术水平。

3. 步入市场化、进军奥运会阶段（1998 年至今）

让武术全面进入市场、走向世界，一直是我国人民的梦想。为了适应时代发展的要求，实现中华民族的这一夙愿，中国武术以发扬光大武术文化为宗旨，一直在着力探讨中国武术适应国际市场的新模式，研究中西方武术文化相互融合、共同发展的途径。为了适应社会发展的需要，现代武术散打运动竞赛就必须面向市场深化改革，按照市场规律和人民大众的需要来运作比赛。

1998 年，武术运动管理中心分别在陕西户县，河北沧州、东青岛举行了三次具有试验性的武术散打比赛，运动员脱掉头盔、护胸、护腿和护脚背，只戴拳套、护齿和护裆，同时增加了比赛的局数。这些举措使比赛更为激烈精彩，也强化了运动员在体能和抗击打能力方面的训练。同年 10 月，在北京和上海分别举行了中美武术搏击争霸赛和中国与欧洲运动员武术搏击对抗赛。1999 年，在全国武术散打锦标赛上，运动员正式脱掉了护头、护胸、护腿和护脚背等护具。所有这些改革，都是为挖掘开发武术散打的市场潜力创造条件。为了吸引企业的赞助和观众的参与热情，除全国正式的锦标赛之外，还进行过不同形式的各类散打擂台邀请赛、挑战赛和争霸赛等赛事，1999 年 5 月，在浙江还举行了别开生面的“武术散打水上擂台赛”：只有男子 60 kg、65 kg、70 kg 三个级别的角逐；长、宽各为 7m 的正方形擂台搭建在水中，台面高出水面 0.5m；每对参加比赛的运动员通过活动跳板走上擂台角逐，赤膊穿短裤，只戴拳套、护齿和护裆；一局比赛中，一方一次下台落水，另一方为该局胜方，如果双方落

水，则从水中爬起上台再战。为保证运动员安全，不仅备有救生员，而且在赛前还要测试运动员的游泳技能，不合格者不能参赛。此后，在湖北等地还多次举办过类似的全国水上擂台赛。这些比赛既开拓了国内市场又在满足观众需求方面进行了有益的探索，也为武术散打进入市场化运作，与世界同类徒手格斗项目进行交流做了必要的准备，为创造武术散打新赛事创造了条件。

经过长期的酝酿和多次的谈判，1999 年 12 月中旬，中国武术代表团赴美国，与美国职业拳击手进行对抗赛。在美国犹他州，双方共进行了男子 54 kg、58 kg、62 kg、66 kg、71 kg、76 kg、81 kg、85 kg 和女子 62 kg 级别的较量，最后中国队以 7：2 的悬殊比分赢得对抗赛的胜利。这次比赛是武术界与企业界携手使散打走向海外市场的巨大进步。武术散打与职业拳击两个不同的项目放在一起交流，本身就是个创举。通过比赛促进了两个不同项目之间的交流与了解，

打破禁锢，提高了武术散打与其他同类项目进行交流的信心，也打出了武术散打运动发展的新天地。近几年，中国武术散打与泰国的泰拳、法国的自由搏击、日本的空手道、韩国的跆拳道等进行了多次的交流与学习。

2000 年 3 月，“中国武术散打王争霸赛”在北京正式开赛。这是一个完全按照市场规律来运作、运用经济手段调动各方面积极参与的比赛。它是一个与过去单纯依靠行政组织管理完全不同的全新赛制。散打王争霸赛每周举行一场比赛，贯穿全年。参赛选手分 65 kg、70 kg、75 kg、80 kg、85 kg、85 kg 以上共六个级别，各个级别的选手通过双败淘汰决出本级别的一名冠军，最后由六个级别的冠军分成两组进行第一轮的循环赛；第二轮由各组的第一名进行决赛，最终的获胜者成为“散打王”。为了使散打王比赛更加精彩激烈，对比赛规则也做了部分修改，主要有：每场比赛须打满 5 局，每局 2 分钟；拳套更加轻、薄；场地缩小为 6m × 6m；擂台四周围上护栏；缠抱时间严格控制在 2 秒钟之内；充分放开得分手段，鼓励运动员使用腿法和摔法得分。全程比赛由湖南电视台卫星频道进行异地现场直播，把散打比赛的实况传递给亿万观众。现代化的灯光、音响、音乐和舞美及比赛现场主持人的解说，经过专业人士包装的运动员的衣服、发型以及出场亮相的动作，把紧张激烈的赛事渲染得富有观赏性，不仅大大提高了武术散打运动的社会认知面和认同程度，而且使众多原本默默无闻的运动员变成了受人瞩目的明星。散打王争霸赛是中国武术史上比赛跨度最长的赛事，也是散打运动开展以来影响最大的赛事。比赛全部采用市场运作手段并导入了导演理念和国际最前卫的包装理念，是中国武术走向职业化的一个重要突破，受到了国内外的普遍关注。

2004年9月，在福建省泉州市首次举行了“赛琪杯”全国武术散打俱乐部联赛。这次联赛引人注目的全新包装、娱乐性强的开赛形式，和高潮迭起的精彩场面，赢得了观众的阵阵掌声，对推动武术事业的发展起到了积极作用。俱乐部建设的宗旨也是把现代散打运动推向市场，在竞技体育和社会经济发展的竞争中自强自立，提高散打运动的技术水平。这次俱乐部联赛，说明散打事业可以吸引企业通过俱乐部的途径参与进来，通过企业的加入引进资金，激活赛事，完善赛事。作为企业来讲，则可以通过俱乐部的成功运作，通过著名运动员的影响，提高企业的知名度，同时提升企业形象。此举也表明武术散打运动在市场化、产业化方向上进入一个新的发展时期。

20多年来，散打运动已经成为一个在全世界广为普及的体育项目，目前世界上已有70多个国家和地区开展了散打运动，培养出了一大批技术高超、体能超群、能打硬仗的运动员，同时建立了一批稳定的、高素质的裁判员和教练员队伍。从已经成功举行的6届世界武术锦标赛可以看出，国际散打运动水平正在不断提高，亚洲的越南、伊朗，欧洲的俄罗斯、英国、法国，美洲的美国、巴西，非洲的埃及等国家的散打水平正在赶超作为散打发源地的中国。近几年来，在世界上许多国家已经有了散打锦标赛和散打杯赛，亚洲、欧洲、美洲举办的洲级比赛中，散打成为正式的比赛项目。所有这些，都为武术散打真正走向世界、进入奥运会打下了坚实的基础。

世界散打水平的普遍提高，使得设立世界杯武术散打比赛的条件已经成熟。1999年，在香港举行的第五届世界武术锦标赛期间，国际武术联合会召开代表大会，大会一致同意举办世界杯散打比赛，并将它写进了国际武术联合会章程。在2001年亚美尼亚举行的第六

届世界武术锦标赛期间，国际武术联合会执委会一致同意于2002年主办第一届世界杯武术散打比赛。鉴于武术源于中国，并且中国在国际武术联合会中具有其他国家和地区不可替代的地位和作用，参会的全体执委认为，第一届世界杯散打赛只能由中国来主办，由中国确定世界杯散打赛的标准和规范后，再交给其他国家承办。2001年12月，国际武术联合会向国际奥委会正式递交了武术进入奥运会的申请。武术申奥工作得到了中国政府的支持，国家体育总局和2008年奥运会北京组委会在人力、物力方面给予了国际武术联合会大力的帮助。

2002年2月，在盐湖城举行的国际奥委会第一百一十三次全会上，武术被国际奥委会正式承认，国际武术联合会同时得到了国际奥委会的承认。随后国际奥委会给国际武术联合会寄来了罗格主席亲自签发的承认证书。国际奥委会对武术的正式承认，使武术成为国际奥林匹克大家庭的正式成员，结束了百年奥运没有源于中国的体育项目的历史。同年7月25日至27日，在上海举行了首届世界杯武术散打比赛。这是由国际武术联合会举办的第一届全世界范围内的最高水平、最高规格的武术散打单项比赛，设男子11个级别的比赛，中国队派7人出战，获得6枚金牌。2004年11月，在广州举行了第二届世界杯武术散打比赛，并首次设立了女子比赛。中国队优势明显，6名男选手全部夺得金牌，5名女选手夺得4枚金牌。中国队以其辉煌的成绩向全世界展示了中华武术的独特魅力，进一步引起了世界武术界及热衷武术的人们对中国武术的仰慕与热爱。同时，这两届赛事也引起了国内外武术界、体育界、新闻界、影视界、商业界的一致关注，表明了举办武术散打比赛对中国武术全面走向世界具有重要意义。

目前被国际奥委会正式承认的体育项目有63个，其中只有武术是唯一源于中国的体育项目。武术这一最具东方文化特色的体育项目的加入，丰富了国际奥林匹克体育项目的内容，促进了东西方体育文化的交流，使奥林匹克运动具有更丰富的内容。但是武术要成为奥运会正式比赛项目，还须国际武术联合会的不懈努力。

第二章

散打的健身作用及特点

散打的作用

❖ 改善身体机能，提高身体素质

1. 对骨骼、肌肉的生长发育有促进作用

骨的生长是由于骺软骨的不断增长和骨化的结果。对处在生长发育阶段的青少年，散打的训练能加强机体的新陈代谢，刺激骺软骨的增长，进而能促进骨的生长。而且，经常参加散打运动能使骨骼变粗，骨密度增大，提高骨骼抗弯、抗压、抗折的能力。

2. 改善呼吸系统的功能

由于在运动时能量消耗增加，新陈代谢加快，需要更多的氧供应，这就要加大呼吸的频率，加大呼吸的深度，促进更多的肺泡参与工作，加大呼吸肌的收缩力量和幅度。可见，通过散打训练能促进呼吸肌更加发达，肺活量增加，提高人体的呼吸功能。

3. 促进血液循环，提高心脏功能

进行散打训练时，血液循环加速，以适应肌肉活动能量消耗的需要。长期从事散打训练，可使心脏产生运动性的肥大，心肌肥厚，收缩有力，每搏心出量增大，从而减轻心脏的负担，心搏徐缓，使心脏获得较长时间的休息。由于心脏的功能增加，使人体具有承担大强度工作的潜在能力，无疑会给人的身体带来益处。同时，经常参加散打训练可以改善肌肉的血液循环，提高肌肉的收缩速度和力量，使肌肉粗壮有力。

4. 改善和提高中枢神经系统的灵活性

散打竞赛不但要较技较力，而且要斗智，在许多关键场次的比赛中，双方运动员在力量、速度、灵敏、耐力基本相同的情况下，

谁的智谋运用得好，谁就将赢得比赛的胜利。经常从事散打训练，不但能改善大脑的供血状况，使人头脑保持清醒，还能使人的思维敏捷，应变外界的能力提高，缓解人体大脑功能的衰退。

❖ 攻防技术，防身自卫

散打本身是一种技术全面的技击术，具有很强的攻击力和完善的防守方法。通过散打教学的学习，学生掌握了散打技术，就具备了一定的防身自卫能力。在遇到坏人坏事时不害怕，在受到攻击时能迅速做出相应的防守反应，达到防身自卫的目的。散打技术具有很强的技术性，力量和方法运用非常巧妙，合理运用散打技术能使力小的人胜过力大的人，身材矮小、瘦弱的人能战胜身材高大、强壮的人，做到以弱胜强。特别是女性，掌握了散打技术就拥有了保护自己的武器。

❖ 锻炼意志品德，培养高尚情操

练习散打对意志的考验是多方面的，如功力练习要克服疼痛难忍关，从不适应到适应。交手时，要克服胆怯怕打的缺点。遇到强敌时，要克服消极逃脱关，要敢于拼搏，提高以弱胜强的智慧。耐力训练和在比赛最后一局时，要以顽强的毅力坚持到底，以及在比赛中正确对待胜负的心理问题等。经过这些锻炼，可以培养人的顽强、果断、坚毅的精神，锻炼学生摒弃软弱、怯懦而敢于进取，积极向上的品质。

沿袭中国武术的传统，在长期散打的学习和训练过程中尤其注重对武德的培养，如尊师重教、礼仪礼貌、友爱团结、诚实守信、维护公众利益、遵守社会公德。更为重要的是，在长期的艰苦训练和公平竞争中，能使人逐渐做到兢兢业业、严于律己、谦虚谨慎，具有远大的思想抱负，进入高品位的人格境界。同时，也从训练和竞技中切身体会到中华民族的文化精神，使传统文化的精髓得以继承繁衍和弘扬。

❖ 丰富人们的娱乐生活

散打的对抗性使其有着极高的欣赏价值，尤其是在现代社会，人们的生活节奏不断加快，对事物的追求也就越发带有刺激，而散打的对抗性迎合了人们的这些心理需要。同时，在对抗性中，出现的较力逞勇、竞技斗智，能使人产生审美的情趣，体会到原始力量的健美。在激烈的对抗气氛中，参与的人能得到一种美的感受。同时，也为适度的心理宣泄提供了理想的场所，这对人们的心理调节不失为一种有益的方法。通过观看散打比赛，还能激发人们对生存本能的追忆，启迪人们在现实生活中的拼搏意识和采取积极向上的人生态度。

散打运动不但能给人以“他悦”，同时也有“自悦”的功能。因为散打运动能给练习者带来自信和自强意识，而强者本身就是一种追求，一种“自悦”，给练习者精神依托。有了这种精神寄托，在训练中即使运动量再大，练习者仍有一种追求，心里仍是喜悦、甜蜜的，正如人们常说的“苦中有乐”，况且这种张弛有度的节奏对人体的身心健康大有益处。另外，在比赛中取得胜利能够带来欢乐和满足，如果失利，带来的沮丧也只是暂时的，更多的则是激励人们再次奋发向上。所有这些让练习者在艰辛与伤痛中，在成功与失败中，体会人生的欢乐。

❖ 交流技艺，增进友谊

现代生活中的人们十分重视交往，因此对交流的媒介也给予了极大的关注。媒介是人们产生共同语言、共同情趣和共同志向的纽带。散打作为交往的媒介，它本身就能成为交往者探讨的主题。人们通过对散打技艺的交流切磋，不仅提高了散打技术水平，进而对武术和中华民族的传统文化产生兴趣。人们在共同研究探索的过程中，促进文化思想的交流，进而增进人们相互间的了解和友谊，人们不断开拓交往的深度与广度，给交往带来更为广阔的前景。

散打的特点

现在开展的竞技型散打运动，已经以完全不同于中国传统技击术的技术风格展示在世人面前。它与中国传统技击术的关系，应该说是有继承的成分，但更多的则是经过整合而有所发展。所谓技击技术的整合，是指具有不同文化底蕴的技击术，经过相互吸收、融合、调和而趋于一体的过程。这种整合使得中国传统的散打在内容上与形式上发生了变化，逐渐成为一种有别于传统的技击术体系。现在的散打，其技术的整合主要是从两方面来完成的。

对传统技击术进行整理、归纳，舍弃它们的具体形式，找出其中带有共性的规律，即把中国各拳种门派的拳法、腿法通过归整，总结出它们的基本运动形式，经过高度抽象，把进攻技术归纳为两种运动形式:一种是直线型方法,另一种是弧线型方法。然后根据“追

求效果”的原则赋予新的表现形式，经过反复的试验和论证，确定了拳法以冲、贯、抄、鞭，腿法以蹬、踹、扫、摆、勾为内容的散打“击法”的基本技术。摔法则根据“快摔”的要求和“无把”的特点，主要把握住“破坏重心”和“抡圈”的要点，创造出“接招摔”和“夹打摔”的方法。同时，对防守技术也根据“效果”原则进行了分类，即划分为“接触式防守”和“不接触式防守”两种基本形式。至此，散打技术才真正具有了普遍继承的意义。

散打技术是对同一时代的各国搏击技术进行大胆的借鉴，摄取其中的有益成分，甚至是具体的实用技法，再与我们通过归整的传统技法不断地协调、融合、修正，才形成现今通行的模式。整合后的散打技术，具有更广的范围和更高的起点，是中国传统技击术发展的必然结果，也是东西方文化相互交融、渗透的典型表现。

表现形式中的中国传统散打与世界上其他搏击术有着共同之处，即该项目也是以相互间运用技击方法打击对方作为主要目的。但是，在共同的表现形式中散打又突出地反映了中华民族浓厚的传统色彩。从比赛的形式来看，散打采用了中国传统的“打擂台”方式，一方掉下擂台出局则为输方。在竞赛办法上则运用了三局两胜制，先胜两局即为赢家。从深层的文化含义上来分析，这些现象都集中地表现了中国传统的比武观念，是以“较技”为主，比赛突出的是显露技法，赢的是“招数”，与中国古代比武以“点到为止”“一招定乾坤（输赢）”为原则是一脉相承的。而不是像西方搏击那样，把人用绳圈“围”起来，并使用多局积分制，使得比赛双方进行殊死搏斗，表现出西方人对“力”崇拜的文化潜质。对比赛中被动“倒地”的处理，也表现出了东方传统文化观念中的“好仁恶杀”和“穷寇勿追”的思想。对得分部分的规定也颇有意味，按照规则规定，得分部位几乎包括人的全身，这说明在比赛中对他人全身性的攻击是合“法”的，这就无意间从相反角度反映出了身体是“受之父母，不得有毫发之损”的观念，体现了“贵命全身”的潜在传统意识。即使是散打的礼仪规定，也与西方的礼仪有着很大的差异，西方用“握手”的礼仪表示相互间的“交流”愿望，而中国的“抱拳礼”则更多的是表示“尊重”。这些都从各个不同的侧面反映出了中国传统理论对现代散打运动的潜在影响。还有，散打技术发展至今，已经有了全新的概念，但在规则中仍有“允许使用各武术流派的技法”的条款和某些“加分”的规定，这些从表面上看是为了发掘新的技术，但实质上却集中地反映了中国传统思维方式的认知和定式与习惯，还表现了东方人对“传统”有着执着的“怀旧感”和“托古改制”的处事方式。这些都是散打中表现出来的中华民族的传统色彩。

❖ 与中华传统文化联系的紧密性

西方体育中的任何一个项目都不能像散打那样与自己的传统文

化有着如此紧密的联系。虽然，西方的体育项目都具有一定的文化意义，但它们都不具有散打那样浓郁的文化特征、丰厚的文化底蕴和本身拥有的文化包含容量。竞技体育中的散打虽然不能表现出传统武术技击术中的所有文化内涵，但散打在人们的观念中仍然是集传统与现代、竞技与实用、修身与养性于一体的武术项目，仍然具有超出竞技之外的广泛的社会价值，与文化有着紧密的联系。尽管竞技散打经过整合，但它本身还是以中国传统文化作为其发展基础，在传统文化的总体氛围中生存和发展。如中国传统哲学思想对散打的渗透，使之确立了它的基本风格，中国传统伦理道德决定了尚武要以“德”为先，这既是行为的准则，又是实践的标准，这就决定了习武的目的绝非为了逞强斗狠，而是通过“备武”与习文一道，作为修身、齐家、治国、平天下的人生课业而并重同修，最终来完成对理想人格的追求。这就是为什么在开展竞技散打的今天，“金牌”并不是所要追求的唯一目标，而“尚武崇德”和“为国争光”才是我们必须树立信念的原因。此外，中国的民俗学、兵学、美学、养生学和传统医学等，也对武术（包括散打）产生了不同程度的影响，同时也对其建构起到了至关重要的作用。由此可见，虽然竞技散打属于现代体育，但作为载体它又几乎浓缩了中国传统文化中的大部分内容，这也就是散打的无穷魅力和丰富的文化内涵之所在。

❖ 寓技击于体育之中

散打属于体育范畴，与其他各运动项目相同，但是它又鲜明突出地反映了武术的特殊本质——技击性。同时它却明显区别于使人致伤致残的技击术的内容，即所谓置人于死地的绝招妙术。原因在于现代散打运动的竞赛规则严格规定后脑、颈部、裆部等为禁击部位。

另外，在技术手法上不管用何种流派的击打方法，均不允许使用反关节的擒拿动作。

❖ 散打练习中的注意事项

树立正确的练习散打的思想：古人云“习武先习德”。“习武不习德，六艺终不高。”武术散打是中华武术的精髓，其技艺具有极大的杀伤力，若被缺乏武德修养的人掌握，必定危害一方，给他人、社会带来危害。因此，在散打教学中必须加强练习者的武德修养。应向学生讲授武德作为武术职业道德及民族传统美德的内容与标准，让学生在民族传统美德中感受传统武术道德的无穷力量。引导学生进行自我认识、找到自己目前的道德修养与传统武术道德的差距，激励学生不仅要学好散打技术，锻炼身体，增强体质，而且不论何时何地都应当把道德修养放在重要位置。要激发学生的自信心和民族自豪感，增强爱国热情。教育学生树立正确的习武动机和持技态度，力戒好勇斗狠，恃强凌弱，克服各种不良的思想作风，树立正确的锻炼目的。并将散打学习所获得的强健的体魄、攻防格斗技术、武术道德修养转移到文化学习和报效国家的实践中，形成忠于职守、全心全意为人民服务、诚实守信的职业道德观念和见义勇为、助人为乐、遵纪守法的社会公德意识，使每一个学生把武德继承并推广开来，只有这样才能使武术散打更好地走向世界，走向未来。

重视武术散打训练前的准备活动：准备活动是人体进行身体锻炼与活动的必要的准备条件，不论是进行身体锻炼，或者参与激烈的竞争比赛。有目的的、充分的准备活动能够减少运动损伤的发生，让人们在运动训练或比赛中充分发挥自身的运动能力，展现自我，甚至超水平发挥自己的运动成绩。同时，在运动中体会身体锻炼给人们带来的益处，摆脱紧张的工作、学习中激烈的竞争给人的压力，调节快节奏的生活环境，让自身处于放松的、愉快的情景中。而武术散打又是对抗性极强的运动项目，因此，在训练或者比赛前必须进行有计划的、较系统的准备活动。练习前，可以进行热身跑步、跳绳、游戏等，使身心逐步过渡到运动状态。还应做一些专项准备活动，如压腿、踢腿练习，以免训练时因用力过猛，使关节和肌肉受伤。

武术散打中要注重两人的协作配合：武术散打的学习过程中，两人配合练习较多，从学习步法、拳法、腿法、摔法的单个动作开始，到步法与拳法的组合，拳法与腿法的组合，腿法与摔法的组合等等，处处需要练习者的密切配合，这样会大大促进学生快速掌握散打技术动作。比如，练习步法时，要求一方进步，另一方必须退步的配合练习，不仅促进学生尽快掌握步法，而且有利于学生的快速反应

能力的培养。在学习接腿摔时，一方蹬腿，另一方接到腿后才能做别腿摔或勾踢摔法。否则单独徒手空练，练习者不会有摔的动作体会，也不可能尽快掌握接腿摔的技术要点。这就是人们常说的“喂”“引”练习，也是在散打练习中经常采用的训练方法。训练者对“喂”“引”练习掌握的好坏，对练习者快速掌握散打技术动作有极大的帮助。

武术散打学习要循序渐进：练习者初学散打时，总想学习较高难的散打技术动作，而不愿意学习基本功或是简单的动作。初学进攻技术时，不要一开始就用最大力量练习，应多用中等力量练习，体会正确的用力顺序，掌握正确的技术要领，只有在散打技术较娴熟的情况下，才可以逐步提升动作的速度和力量。初学防守技术时，除练好防守动作外，还应在练习中仔细观察对手的进攻动作，提高对对手进攻动作的判读能力和预见能力，做到有目的的防守。

实战练习前，做十几分钟的抗击能力练习，自己打一打，也可以让别人踢打面部、腹部、两臂等。所有抗击能力练习都要由轻到重、由慢到快，切忌急于求成。实战时要戴好护具，至少也要戴上拳击手套。不要重击没戴护具的部位。散打练习时，要以提高技术为目的，不要只顾追求获胜，一味死缠蛮打。

认真完成训练后的放松：散打训练结束了，很多人认为训练课已经完成，尤其是经过较强、较密、较紧张训练的练习者，认为课上完，总算可以休息了，就不愿做训练后的放松活动。这种做法不利于身体尽快恢复，应该让练习者明白放松活动（恢复训练）原理。经常采用的放松活动有：扩胸、深呼吸、原地小步跳动、慢走、转腰、缓慢用拳敲打、按摩全身的肌肉等。练习后，不要马上游泳，不要久躺在草地上或在风口处久留，不要大量饮水。

第三章

散打身体素质练习方法

现代散打比赛对抗性强，场上攻、防转换节奏快，运动员必须有较好的体能做保证，才能使技术、战术水平得以正常发挥。散打的身体训练是指散打技术、战术训练以外的身体练习，它可提高练习者的身体素质、运动机能和健康水平，促进身体形态的全面发展，更能保证运动员在比赛中有效地运用技术、战术，创造优异的成绩。

散打身体训练概述

❖ 散打身体训练的概念

散打身体训练是指运用各种有效的方法和手段对学生的身体施以影响，从而增进学生的健康，改善身体形态，提高机能和发展运动素质的练习过程。一般包括全面身体训练、一般身体训练和专项身体训练 3 方面。

❖ 散打身体训练的作用

在散打训练过程中，身体训练的目的和意义就是通过系统的、有计划的和有目的的身体练习，为运动员在比赛中提高运动成绩打好坚实的身体基础。其主要作用表现在：

1. 良好的身体训练是运动员适应现代散打训练和比赛的重要保证。

2. 良好的身体训练是运动员掌握散打技术、战术训练的基础。

3. 身体训练能够培养运动员具有良好的意志品质，对散打运动员竞赛心理状态的形成与稳定具有很好的促进作用。

4. 良好的身体训练可以有效地预防运动伤病的发生，相应地延长运动员的运动寿命。

❖ 散打身体训练的注意事项

1. 身体训练应在全面发展的基础上突出重点

散打运动对身体运动能力的要求很高，要求运动员具备全面发展的身体素质基础。全面的身体训练，可以使运动员的身体形态、机能素质等都得到全面提高。当然，全面发展并不等于各种运动能力绝对平均地同步发展，要根据散打运动的特点有所侧重。现代散打的身体训练的重点，应该是放在力量、速度、耐力这 3 种素质上面。从现代散打比赛中对抗的激烈程度上不难发现，散打运动对运动员的基本要求为：力量是基础，速度是核心，耐力是保证，因此，身体训练中应以这 3 方面为重点训练内容。

2. 应科学、系统地安排身体训练

身体训练过程是一个多年的训练过程，因此要根据不同时期和阶段的训练要求，对训练内容、比重、负荷等方面的身体训练做出全面系统的安排。

3. 身体训练应当与其他训练相结合

散打运动员的身体训练应紧密结合技术、战术及心理训练进行，使身体训练效果与其他训练有机地联系在一起，能够在训练和比赛中通过技术、战术的形式表现出来。

4. 身体训练的安排要有针对性

散打身体训练的内容安排要根据散打运动的特点，做到因人、因时而异，从运动员身体情况，训练设施与条件，比赛的要求等实际情况出发，有针对性地进行训练。另外，还要通过各种信息反馈，找出训练中的薄弱环节，再施以针对性的训练。

散打身体训练内容

散打运动训练中身体训练的内容主要包括全面身体训练、一般身体训练和专项身体训练 3 方面。

❖ 全面身体训练

全面身体训练主要是针对初级训练阶段的年轻运动员，通过全面的身体训练可以改善运动员身体能力最薄弱的环节，全面地发展运动员机体的能力，增进身体的健康水平，为今后运动成绩的不断提高做好充分的身体准备。其训练内容也具有普遍性。对具有一定水平的运动员来讲，全面的身体训练就应与专项特点、专项要求和运动员自身的具体情况联系在一起。

❖ 一般身体训练

一般身体训练是以全面发展与散打项目有一定关系的身体运动能力为目的的训练，是散打运动员专项身体素质得以提高的基础。

❖ 专项身体训练

专项身体训练是提高运动成绩的关键，对运动成绩的提高具有直接的作用。散打专项身体训练的目的是根据散打运动的特点和要求进一步发展散打运动所需要的身体能力。散打运动员专项运动能力的提高，有助于他们在训练中承受更大的运动负荷，在实战及比赛中取得更好的成绩。

一般来讲，全面身体训练、一般身体训练是专项身体训练的基础，专项身体训练要在全面身体训练和一般身体训练的基础上进行。现代运动训练的发展趋势使一般身体训练越来越专项化了，苏联著名运动训练专家马特维耶夫曾明确指出：对于选择了专项训练的运动员，要考虑不同专项对于不同能力要求的不同比例。这些都充分说明了两者之间的关系是辩证统一、相辅相成的。

散打身体训练

❖ 力量练习

力量素质是掌握运动技术，提高运动成绩的基础，是散打运动员运动水平的重要指标。散打的力量训练，包括最大力量训练、速度力量训练、力量耐力训练 3 个部分。

1. 最大力量训练的常用方法

发展上、下肢最大力量的常用方法：

（1）卧推杠铃：仰卧在长凳上做卧推杠铃动作。

（2）杠铃屈臂（或哑铃屈臂）：两脚左右开立与肩同宽，两手反握杠铃提至腹前，以肘关节为轴做两臂屈伸动作。

（3）负重深蹲：肩负杠铃（或重物），做深蹲起。

发展腹背肌最大力量的训练方法：

（1）负重仰卧起坐：两手持杠铃片置于头后，做仰卧起坐。

（2）负重俯卧体后屈：俯卧，两脚固定住，两手持杠铃置头后，做身体抬起动作。

发展全身最大力量的训练方法：

抓举杠铃、挺举杠铃或推杠铃片。

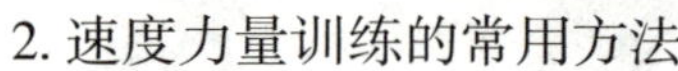
2. 速度力量训练的常用方法

（1）握小哑铃进行拳法练习：握小哑铃做各种拳法组合练习，负重与不负重交替练习效果会更好。

（2）牵引器械或握橡皮筋冲拳：牵引器械或将橡皮筋一端固定后，成实战姿势做冲拳练习。

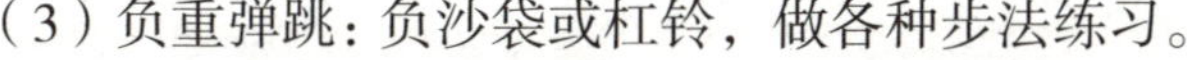
（3）负重弹跳：负沙袋或杠铃，做各种步法练习。

（4）负重做腿法练习：系沙袋绑腿或使用器械进行腿部力量练习。

（5）扛人或抱人跑练习：将同伴抱起或扛起做短距离的冲刺跑练习。

3. 力量耐力训练的常用方法

（1）推小车：直臂俯撑，身体挺直，同伴握住踝关节处，双手向前爬行或双手用力向前跳。

（2）俯卧撑：直臂俯撑，身体挺直，两手屈臂支撑，用力伸直。也可以双拳或十指着地进行练习。

（3）仰卧两头起：身体仰卧，两臂伸直，两臂和两腿同时向上抬起，然后快速还原，连续练习。也可以做俯卧两头起，动作要领与仰卧相同，但仰卧背部贴近地面，俯卧腹部贴近地面。

（4）肋木垂悬举腿：背靠肋木，双手抓住横木，做举腿收腹动作。

（5）蹲起侧踹腿：屈膝全蹲，起身后做侧踹腿练习。

（6）蛙跳练习：屈膝全蹲，双腿蹬地连续向前跳跃。

4. 力量训练的要求与注意事项

（1）进行力量训练时，应使身体局部力量和整体力量、发展大肌肉群和发展小肌肉群的力量训练结合起来。

（2）合理地安排负荷，科学地进行调整。发展最大力量，应采取强度大、重复次数少的练习方法。发展速度力量应采取中等重量、快速度、多次数的方法，要求在最短时间内发挥最大力量。

（3）进行强度较大的力量训练时，要注意肌肉的放松与调整，防止肌肉僵化，提高肌肉弹性。刚开始训练的人每周安排 3 次，效果较好。

❖ 速度练习

散打比赛中速度素质显得尤其重要，运动员的速度素质好与坏直接影响到进攻效果。散打的速度素质包括动作速度、反应速度以及动作速率。散打的速度训练重点是要提高运动员的动作速度和反应速度。运动生理学研究表明：一个人的反应速度主要受遗传因素的影响，后天的训练并不能从根本上改变人的反应速度。速度训练的目的是把受遗传因素影响的每个人最快反应速度表现出来和稳定下来。在训练中通常会采取以下的方法：

1. 动作速度的训练方法

（1）单个动作速度练习：一人以实战姿势站好，等教练员或同伴发出声音或信号后，以最快的速度进行攻防动作练习。

（2）组合技术速度练习：在单个动作技术掌握熟练后，可以进行组合技术练习，两个或两个以上的动作进行组合，听到教练员声音或信号后尽快完成。

（3）利用跑的练习：用冲刺跑、下坡跑、加速跑、后蹬跑练习不同状况下的速度。速度耐力的本体感觉，会对提高动作速度提供最直接的身体感觉。这种感觉可以提高动作的加速度，提高步法的移动速度。

（4）单位时间内快速完成动作数量的练习：规定时间 1 秒或几秒内，完成快速冲拳或出腿练习，单位时间内完成的数量越多，效果越好。

（5）利用负重的方法练习：在负重的条件下做拳法或腿法练习，去掉负重会提高动作速度。

2. 反应速度训练方法

（1）条件实战法练习：规定一方进行主动进攻，另一方进行防守反击，防守反击的一方要根据主动进攻一方的动作，做出选择性的反击动作。

（2）远距离攻防法练习：双方在一定距离限制下，互不接触，一方以各种技术动作进攻，另一方做出相应的反击。

（3）实战法练习：实战是练习散打复杂反应的最好办法，经常与不同对手进行实战，可培养运动员的应变能力，提高竞技水平。

3. 速度训练的要求与注意事项

（1）速度训练时要按规定要求完成动作，所选用的动作应是练习者已经熟练掌握的，练习的时间不宜过长，以 30 秒一组为宜，一般不要超过 1 分钟。

（2）负重练习时，重物的重量比最大力量练习时要小。进行反应训练或条件实战时要从比赛的角度出发，讲究实效性。

（3）速度训练具有很大的训练强度，因此训练量不宜过大。要掌握好间歇时间和休息方式，间歇的时间应保证后一次练习完成的速度，在一定的范围内不低于前一次。

❖ 柔韧训练

散打的腿法对柔韧性有一定的要求，柔韧性不好的话，完成某些动作时会受到限制。同时在完成动作时也容易因为失去重心而摔倒。发展柔韧素质常用的方法有：

1. 肩臂练习

（1）压肩：两臂两腿要伸直，振幅逐步加大，也可以在同伴帮

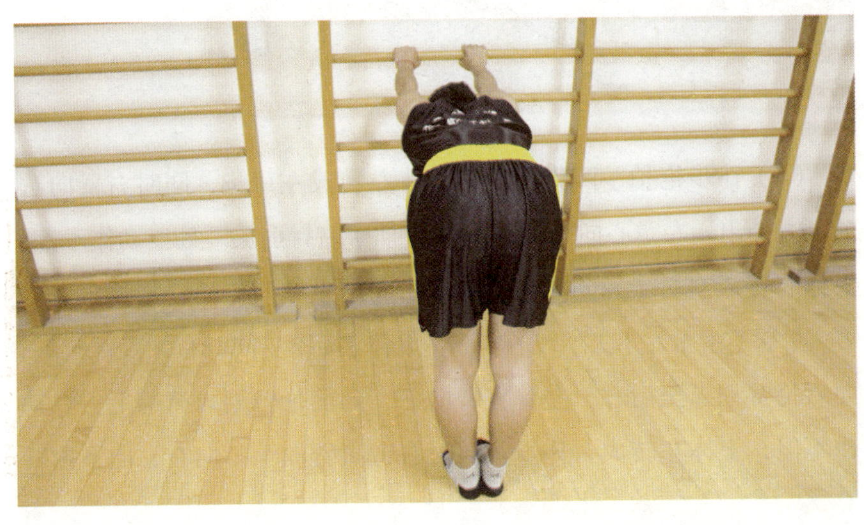

助施加压力下进行练习，压点集中在肩部。

（2）交叉环绕：左右站立，两臂直臂上举。左臂向前、向下、向后摆，右臂向后、向下、向前摆，两臂同时于体侧划立圆环绕。换方向交替进行。

（3）单臂绕环：左弓步站立，左手按于左膝上，右臂垂于体侧。右臂由下向上、向后、向前绕环一周，然后再由下向后、向上、向前绕环一周。练习时，左右臂交替进行，左臂绕环时换右弓步。

要点：臂伸直，肩放松，划立圆，逐渐加速。

（4）仆步抡拍：两脚开立，上体左转成左弓步，同时右臂向右前下方伸出。左掌心向里，掌指向下，插于右臂肘关节处。动作不停，上体右转成右弓步，同时右臂直臂由左向上、向右抡臂划弧至右上方，左掌下落至左上方。动作不停，上体右后转，同时右臂直臂向下、向后抡臂划弧至后方，左臂直臂向下、向前抡臂划弧至前上方。动作不停，上体左转成右仆步，同时右臂直臂向上、向右、向下抡臂划弧至右腿内侧拍地，左臂向下、向左抡臂划弧停于左上方。练习时左右交替进行。

要点：向上抡臂时要贴近耳侧，向下抡臂时要贴近腿，右仆步抡拍时眼随右手，左仆步抡拍时眼随左手。

（5）体后屈：运动员跪在垫子上，两腿并拢放在臀部下，身体向后，仰卧在垫子上。

（6）涮腰：两脚开立，距离与肩同宽，两臂自然下垂。以髋关节为轴，上体前俯，两臂随之向左前方伸出。然后向前、向右、向后、向左翻转绕环。练习时左右方向交替进行。

要点：两脚不要移动，两手臂放松，绕环幅度应逐渐加大。

2. 腿部练习

压腿：压腿分正压腿、侧压腿和后压腿等几种。下面分别介绍。

（1）正压腿：正压腿主要用来发展腿部后侧肌肉的柔韧性。

动作方法：面对横木或一定高度的物体，并步站立，右腿提起，脚跟放在横木上，脚尖勾紧，两手扶按膝上；两腿伸直，立腰、收髋，上体前屈，并向前、向下做压振动作。练习时左右交替进行。

要点：直体向前、向下压振，逐步加大压振幅度，先以前额触及脚尖，然后过渡到下颌触及脚尖。

（2）侧压腿：侧压腿主要用来发展腿部内侧肌肉的柔韧性。

动作方法：正对肋木或一定高度的物体，并步站立，左腿支撑脚尖稍外展，右脚尖勾紧举起，脚跟搁在肋木上；左臂屈肘上举，右掌扶于左胸前，两腿伸直，立腰、开髋，上体向右侧压振。练习时，左右交替进行。

要点：直体向侧、向下压振，逐步过渡到上体能侧卧在被压腿上。

（3）后压腿：后压腿主要用来发展腿部前侧肌肉的柔韧性。

动作方法：侧对肋木或一定高度的物体，并步站立，两手叉腰或扶一定高度的物体，右腿支撑，左腿举起，脚背搁在肋木上，脚面绷直，上体后屈并做压振动作。练习时，左右腿交替进行。

要点：挺膝，支撑腿全脚着地，脚趾抓地，挺胸、展髋、腰后屈。

（4）仆步压腿：主要用来练习大腿内侧和髋关节的柔韧性。

动作方法：两脚左右开立，右腿屈膝全蹲，全脚着地，左腿挺膝伸直，脚尖内扣，尽量远伸；两手分别抓住两脚外侧成左仆步；然后将身体重心移至左脚成右仆步。练习时，左右仆步交替进行。

要点：挺胸、塌腰，下振时逐渐用力，臀部和腿内侧尽量贴近地面。

（5）分腿侧压：分腿侧压主要用于练习髋关节的灵活性。

动作方法：两腿左右分开，坐在地板上，上体向左侧转体，尽量使胸、腹部贴在左腿上，同时双手抓住左脚用力向下压。练习时，左右交替进行。

要点：向下压时要逐渐用力，两腿间的角度应逐渐增大。

❖ 耐力训练

台阶跑：每组持续 10 ～ 12 分钟，做 2 ～ 3 组，间歇 3 ～ 5 分钟。

越野跑：以心率为指标，控制在每分钟 150 次左右，负荷时间为 30 ～ 60 分钟。也就是说在心率为 150 次左右的情况下进行 30 ～ 60 分钟的越野跑训练，要坚持跑完全程。

跳绳：在 10 ～ 15 分钟的时间内进行跳绳练习，并且要求保持跳动频率不变，可以变换跳动方式，如单脚跳、双脚跳等。

空击：采用各种进攻与防守动作练习。要求动作快速、连贯、协调，间歇时间短。持续 2 ～ 3 分钟，做 5 ～ 8 组，间歇 1 分钟。

❖ 灵敏训练

散打的灵敏性是运动员动作技能和运动素质在运动过程中的综合体现，是协调、准确地完成动作以及在短时间内迅速变换身体位置的一种能力。它主要取决于运动员有机体各器官的功能、各项运动素质、心理品质和个性特征以及技能储备等。散打运动对运动员的灵敏性要求较高。运动员灵敏性好，则可以快速躲闪对方的进攻，并施以快速、准确的技术伺机反击，否则很难达到较高的运动技术水平。散打的灵敏素质主要包括运动反应能力、时间感知能力、空间感知能力及适应调整能力等方面。

躲闪拳套：两人一组，一人用拳套投向练习者身体的各个部位，练习防守或躲闪。

躲闪摸肩：两人站在直径 2.5 米的圆圈内，做一对一巧摸对方肩部的练习。

第四章

散打心理素质练习方法

所谓心理训练，就是指通过各种手段有目的、有意识地培养运动员具有良好的心理品质和个性心理特征，具备从事散打运动所需的优秀心理素质，使运动员在参加散打训练和比赛时能够有效地调节和控制自己的心理状态，为获得最佳训练效果和争取优异成绩的心理准备过程。心理训练的目的在于发展运动员进行训练和参加比赛所需心理品质，使运动员对高强度的散打训练和激烈对抗的散打比赛具有良好的心理准备，形成相对稳定的心理状态。

散打运动员心理训练的内容

❖ 一般心理训练

一般心理训练是在日常的训练中培养和发展运动员所必备的、基本的心理品质和心理能力的训练过程。一般心理训练在运动训练的全过程都可以安排，主要包括培养运动员从事散打专项所需的兴趣、能力、气质、性格等个性心理特征，发展感知觉、运动表象、形象思维、想象力以及情感和意志品质等心理过程，培养注意力品质，包括注意力的稳定、注意力的集中、注意力的转移和注意力的分配等。

❖ 赛前心理训练

赛前心理训练是在具体比赛之前的较短时期内针对比赛使运动员掌握自我调节心理状态的方法，最大限度地适应比赛要求，做好参赛心理准备的专门训练过程。赛前心理训练包括使运动员明确比赛任务，激发良好的比赛动机，建立夺取比赛胜利的信心，消除各种不利于比赛的心理障碍，使运动员学会调节和控制自己的情绪，在复杂变化的比赛情况下能够保持积极稳定的心理状态，以确保运动员技术、战术水平的充分发挥。针对一次散打比赛的赛前心理训练可在赛前一个月开始。一次散打比赛中，运动员一般需要在几天之内连续参加多场次的比赛，因此，在一场比赛前后甚至局间休息的时间进行心理调控，其重点是要让运动员保持良好的状态、稳定的情绪。

❖ 赛后心理调节

运动员在经过了高强度激烈对抗的散打比赛后，身心都会产生深度的疲劳，这时的心理调节极为重要，同样是心理训练的重要组成部分，最关键的是要让运动员能够正确地对待成功或失败的情绪体验。对于获得优秀成绩的运动员，在充分肯定其比赛中积极的情绪体验的同时，还要注意消除因胜利而掩盖的比赛中消极的情绪体验，以及由于不能正确地对待比赛胜利而产生的骄傲自满等不良的情绪体验，对比赛的结果进行正确归因。对于在比赛中尚未获得好成绩的运动员，需要帮助他分析比赛失败的原因，及时消除因一次比赛的失败而产生的消极情绪，多正面积极地鼓励，以激发运动员不畏挫折、积极进取的强烈动机。

散打运动员心理训练的方法

❖ 意念训练法

意念训练是通过积极的思维，借助想象或运动表象进行自我心理暗示，可改善运动员个性心理特征和心理过程。例如，在学习技术时想象运动技术过程、动作形态；还可以用一定的“套语”进行自我暗示，以集中注意力；想象比赛中出现了什么情况，自己采用相应的办法应付；想象对手就在面前，自己采用什么技术、战术同他交手等，以此做好参赛的心理准备。在赛前应用积极的暗示语言进行自我动员和自我鼓励、控制和调节赛前状态，或使自己的身心获得放松，实际上是一种自我诱导训练的方法。

❖ 诱导训练法

诱导训练是通过他人的语言信号或其他途径（如录像、录音等）的外界刺激来引导运动员按照预定的要求去执行的心理训练方法。鼓励、启发、说服、举例，乃至批评等向运动员传递特定的、感性的信息，把运动员的注意力从思维引导到有利于散打训练或比赛的方向上去，并按照预定的要求实施。

❖ 模拟训练法

模拟训练是通过在训练中设置与未来比赛时可能出现的各种相似的情况，使运动员在近似比赛的条件下，锻炼和提高对正式比赛心理适应能力的训练方法。散打比赛前经常采用的方法有：模拟同级别对手的技术和战术打法特点、模拟比赛场景和环境、模拟比赛的日程安排及作息制度等。其关键是要尽量掌握未来比赛的信息，以便使模拟训练时所设置的条件尽可能与正式比赛接近。

第五章

散打基本技术

从散打的实战姿势、基本的拳法、步法、腿法、摔法入手介绍，通过学习，在掌握这些简单的技术动作后，再学习散打的组合动作及“实效防身技术”。教学内容安排由浅入深、逐步加深散打技术动作的难度，从而为练习武术散打的人们全面了解和掌握武术的踢、打、摔、拿四大技术及对抗性的散打运动提供练习的基本素材。

散打是一项徒手搏击格斗技术，它的母体是中华民族传统体育的瑰宝——武术运动，历史上也称散打为相搏、手搏、白打、折手等。散打，是武术运动的对抗性形式，更是武术运动的最高表现形式，是武术运动的精髓之所在。散打的技术动作是千百年来徒手搏杀技法的精华。在现代文明社会里，散打在防身抗暴等方面，依然有着重大的实用价值。

散打是以技击为主要内容，以防身自卫为目的，运用踢、打、摔、拿等武术技击方法制服对手，保护自己的一项搏斗运动。它的每一招式都具有深刻的攻防含义，攻中有防、防中有攻，技术简练，讲究实效，结合实际，运用自如灵活。散打技术动作实质上是中华武术的精华“集锦”。它把武术中各种适合实践应用的招法分离出来，经过摘编、加工、提炼、创造、完善，使其成为一种散招，并具备简单、实用、易记、易学的特点，在我国具有悠久的历史和广泛的群众基础。

尽管社会在不断进步，经济在飞速发展，但有时却不可避免地出现违法、违纪的歹徒，作为新世纪的人们有必要掌握防身技能，以维护自身权益不受侵害和解救他人免受暴力侵害。它对于维护社会治安、保障人民生命财产的安全和加强社会主义精神文明建设都有着积极作用。何况防身自卫是法律赋予公民的权利与义务。

现代散打运动是两人以踢、打、摔、拿等技法为基本素材，按照规则规定的场地、时间、条件，进行徒手格斗的一项运动。它是格斗双方运用智力、体力、技术、技巧和心理进行的综合性的抗衡，且有高度的攻防实战性和激烈的对抗性。

散打运动训练对人体的训练是比较全面的，其中包括力量、柔韧性、速度、灵活性、耐力等练习，还有内脏器官功能练习以及心理素质练习等，是对人体的综合能力的训练。通过长期的防身术训练，能使人体各部位的肌肉充实、爆发力增大，反应速度和攻击速度也得到提高，因而增强实战能力。还有利于培养人们勇敢机智、灵活果断等品质，同时帮助人们熟练地掌握格斗技术、技能，并锻炼成“拳来手格，脚到臂挡，远则拳打脚踢，近则擒拿抱摔”的敏捷身手。这对于保护他人和自身安全都有积极意义。

通过散打练习可以刺激和开发练习者的速度、力量、灵活、耐力等身体素质，提高心血管系统、呼吸系统的功能，以及中枢神经系统的灵活性。

散打是磨炼意志品质的独特良方。在散打运动中，练习者首先要战胜的不是对手，而是自我。无论是谁，都要克服在练习或比赛中给自身肉体带来的疼痛、疲劳，甚至伤病的折磨。此外，要掌握技术动作或战胜对手，还要克服自身的懒惰、消极、怯弱、畏惧等不良因素。因此，通过散打的锻炼，可使练习者逐渐具备坚韧、顽强、自信、果断的良好的意志品质，从而造就健康的身心。

人们通过散打运动系统的训练，帮助他们掌握一技之长，并经常运用其从事健身活动，从而为人们的终身体育奠定基础。

散打的基本技术

❖ 实战姿势

实战姿势通常也叫预备姿势、格斗式，分为正架和反架两种。

正架为左脚在前，右脚在后；反架为右脚在前，左脚在后。一般右拳力大，取左脚在前、右脚在后的正架势。反之，左拳力大，则取右脚在前、左脚在后的反架势。个人可根据习惯选择正架势或反架势。本书采用正架势。

动作说明：两脚前后开立，左脚在前，脚尖稍内扣，膝微屈。右脚在后，脚跟稍抬起，脚尖向外斜 45 度，膝微屈。左臂屈肘，肘关节夹角在 90° ～ 110° 之间，肘尖下垂，左手握拳前伸，拳心向右下方，与鼻同高。右臂弯曲，肘关节夹角小于 90° ，右手握拳，

拳心向左斜下方，与下颌平高，右肘自然下垂。身体侧向右，重心在两腿之间，微含胸收腹，下颌微收，目视前方。

要点：整体技术结构要放松，适合做攻、防技术。姿势不可太低，重心控制在两脚之间，上体侧对前方，沉肩垂肘，注意保护头部，尽量缩小被打击面。

❖ 基本步法

1. 前进步

预备势：左腿在前，实战步。

动作说明：右脚蹬地，左腿向前跨步，随即右脚跟提起，脚掌擦地向前后成实战步。或者右脚蹬地，左腿抬起向前跳，左脚落地，随即右腿跳起向前成实战步。

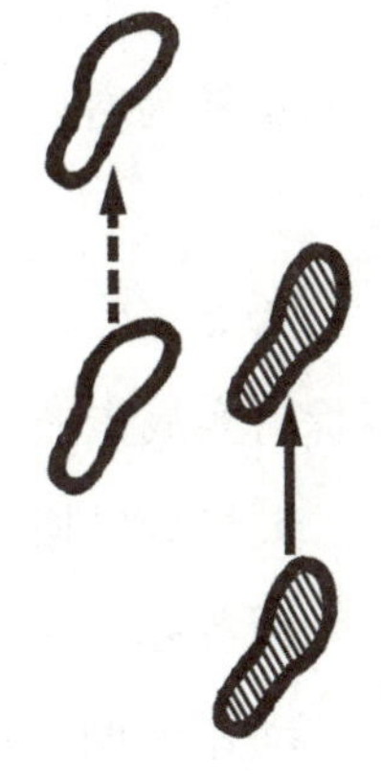

要点：前进时上体稍前倾，动作迅速，步幅要大。故有“前进一丈，后退八尺”之说。移动时重心要平稳，特别是向前跳步时身体起伏不要太大，脚掌尽量贴近地面。

2. 后退步

预备势：左腿在前，实战步。

动作说明：左脚蹬地，右腿向后跨步，随即左脚跟提起，脚掌擦地后撤。或者左脚蹬地，右腿抬起向后跳，右脚落地，随即左腿跳起向后撤，落于右脚前，成实战步。

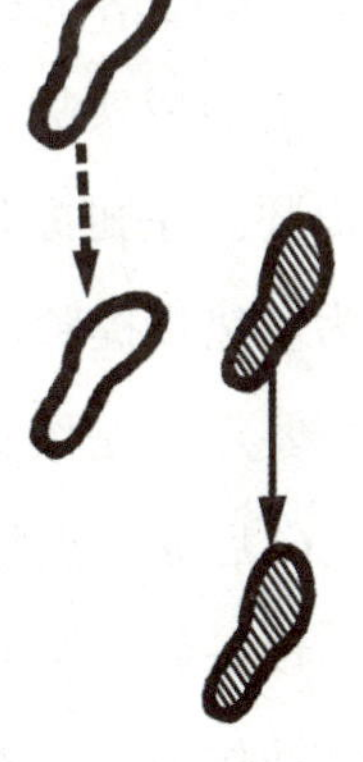

要点：同前进步。

3. 绕环步

预备势：左腿在前，实战步。

动作说明：左脚经过右脚尖前向右前方弧形上步，脚尖外展。以身体左脚脚掌外侧为轴向左转，右腿随身体转动做弧形绕步，落脚于左脚后侧成实战步。

要点：绕环步时拧腰与斜身相随。

4. 后圈步

预备势：左腿在前，实战步。

动作说明：以左脚前脚掌为轴，右脚脚跟提起，前脚掌擦地做弧形旋转。右脚向右旋转为右后圈步，向左旋转为左后圈步。

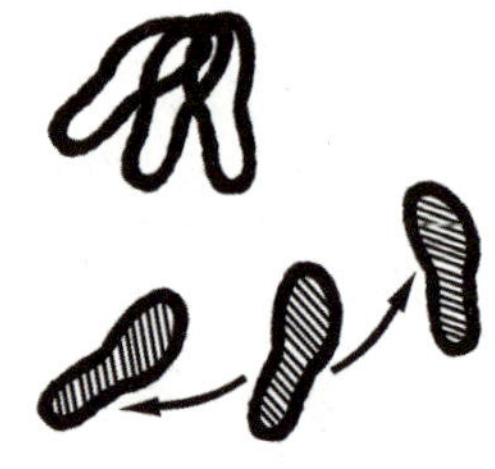

要点：旋转时脚掌不要离开地面，上身保持实战步随步转动。

5. 垫步提膝

预备势：左腿在前，实战步。

动作说明：右脚脚掌擦地向前滑步，落脚于左脚内侧，全脚着地，左大腿迅速高提、重心落于右腿上，左脚心外侧向前。左脚落地成实战步，右脚再垫步，如上反复提膝。左腿提膝为左垫步提膝，右腿提膝为右垫步提膝。

要点：提膝要高，上体保持正直。

6. 后撤步提膝

预备势：左腿在前，实战步。

动作说明：左脚掌蹬地，右脚向后撤步，左大腿迅速高提，重

心落于右腿上，左脚心外侧向前。左脚落地成实战步，右脚再向后撤步，如上反复。左腿提膝为左后撤步提膝，右腿提膝，为右后撤步提膝。

要点：提膝时上体稍前倾。

7. 跳步前进

预备势：左腿在前，实战步。

动作说明：左脚掌蹬地向后跳步，落脚于右脚前，脚尖点地，右脚原地跳动。右脚掌蹬地，左腿大步向前，右脚掌擦地随之向前成实战步。左脚再后撤，如上反复。

要点：跳动时脚离地面越低越好，上体保持正直。

8. 后退跳步

预备势：左腿在前，实战步。

动作说明：左脚蹬地，右腿抬起向后跳，右脚落地，随即左脚掌擦地后跳，成实战步。左脚掌蹬地右腿抬起后跳，如上反复。

要点：后撤步步幅要大，大体可以根据对方进攻的情况，适当做后仰和摆动。

9. 右闪步

预备势：左腿在前，实战步。

动作说明：左脚掌蹬地，脚尖向右转动 90° 左右；右脚掌蹬地，弧形向左脚后方跳动；同时，上体以腰为轴右转，右肩迅速向后撤，成实战步。如上反复。

要点：转体要突然，跳动时脚离地面越低越好。

10. 左闪步

预备势：左腿在前，实战步。

动作说明：左脚掌蹬地，以腰为轴，上体向左转，右腿沿弧形路线向右前方跳动，左脚随之左转成实战步。右脚再弧形向右前方跳动，如上反复。

要点：转身要突然，跳动时脚掌离地面越低越好。

上肢进攻技术

❖ 左冲拳

实战势开始，右脚微后蹬，重心微前移，身体向右做转腰送肩，同时，左拳直线向前冲击，前臂内旋，拳心向下，力达拳面。

要点：冲拳时上体不可前倾，腰微右转；拳面领先，以肩催前臂，臂微内旋，肘微屈向外，使肩、肘、腕基本成水平；快出快收，切勿停顿，迅速还原成实战势。

用法：左冲拳是一种直线进攻型动作，特点是距离对手较近，易发动，预兆小，灵活性高。可以结合身体高低姿势，或前进后退，或左右

闪躲等击打对手腰以上的任何部位，既可主动进攻，又可防守反击，是进攻技术中最常见、最主动的动作之一。如攻击对手的上盘（上盘指胸部以上，中盘指腰上下，下盘指髋关节以下。以下同），双方在对峙的状态下，突然以快速的步伐向前移动，同时，以左冲拳攻击对手的上盘。攻击对手的中盘，双方在对峙的状态下，迅速进步俯身，以左冲拳抢攻其中盘。

❖ 右冲拳

实战势开始，右脚微后蹬并向内扣转，同时，右拳直线向前冲出，转腰送肩，力达拳面，左拳回收至右肩内侧。

要点：右冲拳的发力顺序是起于右脚，传至腰、肩、肘，最后达于拳面；发力时上体向左转动（头不转），以加大冲拳力量；还原时以腰带肘，主动直线回收。

用法：右冲拳的主要特点是攻击距离长，而且能充分利用蹬脚转腰的力量，冲拳的力度大。在快速的步伐移动中或有虚假动作的掩护下出击右冲拳，杀伤力较大。它是一种常用的主要进攻动作之一。如抢攻对手中、上盘部位，在双方对峙时，突然以快速的步法逼近对手，同时，以右冲拳抢攻其中、上盘部位。有时为了进攻更加有效，往往在出击右拳之前，左拳或左腿先晃一下，以假动作迷惑对手。

❖ 左贯拳

实战势开始，上体微向右转。同时，左拳向外（约 45°）、向前、向里横贯，臂微屈，拳心向下，力达拳面或偏于拳眼侧，右拳紧贴右侧。

要点：力从腰发，腰绕纵轴向右转动；贯拳发力时肘尖微抬与肩平，含胸收腹。

作用：左贯拳是一种横向进攻型动作，距离对手较近，灵活性高，结合身体高、低姿势的变化，击打对手的侧面，上盘可击打太阳穴，中盘可击打腰肋部位，是应用较广的拳法之一。如抢攻对手右侧头部，双方在对峙的状态下，突然左闪一步，以左贯拳攻击对手右侧头部。

❖ 右贯拳

实战势开始，右脚微后蹬并向内扣转，向左合胯转腰。同时，右拳向外（约 45°）、向前、向里横贯，力达拳面或偏于拳眼侧，左拳屈臂回收至右肩内侧。

要点：右脚内扣，合胯转腰与右贯拳发力协调一致；贯拳发力时，肘尖微抬与肩平，含胸扣肩。

作用：右贯拳也是横向进攻型动作，特点是能充分借助右脚蹬地转腰的力量，力度较大。发长拳抢攻时往往需要虚假动作的掩护；发短拳时主要用于近距离或贴身的实战。如攻击对手头部左侧，双方对峙时，突然俯身以左拳虚晃一下，假装进攻对手的腹部，紧接着上体微微立起，以右贯拳攻击其头部；攻击对手左侧肋部，双方对峙时，突然做出以左拳攻击对手头部的假象后，迅速俯身以右贯拳攻击其左侧肋部。

❖ 左抄拳

实战势开始，重心微下沉，左拳由下向前上抄起，肘关节夹角在 90°～110° 之间，拳心朝里，力达拳面。

要点：重心下沉是为了更好地利用前脚蹬地拧转后的反作用力，以加大抄拳力量，动作要连贯、顺达，用力要由下至上；抄拳时臂先微内旋再外旋，拳呈螺旋形运行；抄拳发力时，腰微右转，发力短促。

作用：抄拳属上下进攻型动作，主要靠腰、腿的蹬转和运用内

力的发劲，拳带螺旋劲，攻打的部位是胸口、胃和下颌，有较大的攻击力。

❖ 右抄拳

实战势开始，右脚蹬地，扣膝合胯，腰微左转。同时，右拳由下向前、向上抄起，肘关节夹角保持在 100°～ 110° 之间，拳心朝里，力达拳面；左拳回收至右肩内侧。

要点：右抄拳要借助右脚蹬地、扣膝、合胯、转腰的力量，发力由下至上、协调顺达；抄拳时右臂呈螺旋形运动。

❖ 转身右鞭拳

实战势开始，先出左冲拳，突然右脚经过左脚后插一步，身体右后转 180° 。同时，右拳反臂向右侧横向鞭甩，拳眼向上，力达拳背。

要点：转体时以头领先，不能停顿，支撑要稳；鞭拳时以腰带臂，前臂外甩。

作用：鞭拳也是横向进攻型动作，能借助转体的惯性，动作幅度大；运动路线长，力度较大。用于退守反击时，动作隐蔽、突然，又有较大的攻击力，既可连续追击，又可连续退守反击。如突然抢攻，当双方对峙时，突然以左冲拳虚晃一下，右脚迅速经左脚后插步，同时转体以右鞭拳横击对手侧面。

腿　法

❖ 左蹬脚

实战势开始，右腿直立支撑，左脚屈膝向上提起，伸髋伸膝，左脚直线向前蹬出，脚尖朝上，力达脚底或前脚掌，上体正直或微后仰，两拳不变。

要点：屈膝上提与蹬脚动作要连贯，发力时伸髋、挺膝、蹬脚，发力顺达。

作用:蹬脚属直线进攻型腿法，主要是正面进攻对手，其路线短、预兆小、动作迅速。一般来说，常用于阻击对手的拳法进攻或抢攻其腰下部位。如垫步抢攻，当双方对峙站立时，突然垫步接近对手，同时以左蹬脚抢攻其腰下部位；阻截对手的腿法进攻，当对手想以腿法进攻而有预兆暴露时，急速以左蹬脚阻截其腿部。

❖ 右蹬脚

实战势开始，重心前移，左腿直立支撑，右脚屈膝向上提起，伸髋、挺膝，右脚直线向前蹬出，脚尖朝上，力达脚底或脚前掌。两拳屈臂回收护于胸前。

要点和作用均可参考左蹬脚。

❖ 左踹脚

实战势开始，重心移至右脚，右脚跟里转，上体向右侧微倾，右腿直立支撑，左脚屈膝合胯向斜上提起，伸髋、挺膝，左脚由屈到伸向左侧直线踹出，脚尖勾紧朝内，脚外缘朝上，力达脚底，目视左脚。

要点：屈膝上提与上体侧倾要一致，发力起于髋，顺于膝，达于脚，大小腿屈伸要明显，快出快收，协调连贯。

作用：蹦脚是直线进攻型动作，左蹦腿因离对手较近，较之与步伐的配合灵活，能随时变化和掌握实战的有效距离。同时，左蹦腿速度快、力量大，既能主动进攻，又能防守反击，是散打比赛中应用较广的主要方法之一。如垫步抢攻，当双方在对峙时，突然右脚垫步，以左蹦脚抢攻对手的上、中、下三盘。侧倒反击对手的拳法进攻，假设对手以冲拳或贯拳攻击上盘，则迅速侧倒，避开对手拳法攻击，同时以左蹦腿反击其中盘以下部位。

❖ 右蹦腿

实战势开始，重心前移至左腿并直立支撑，上体略左转侧倾，左脚跟里转，右脚屈膝合胯向斜上提起，伸髋、挺膝，右脚向右侧直线蹦击，脚尖勾紧朝内，脚外缘朝上，力达脚底，两手屈臂护于胸前，目视右脚。

要点参见左蹦脚。

作用：右蹦腿能充分借助身体前移的惯性，速度较快，力量很大，也适用于较远距离的实战。如抢攻对手，当双方对峙时，以拳法或

左脚虚晃一下，迅速以右踹腿抢攻对手上、中、下三盘。

❖ 左横踢腿

实战势开始,重心后移,右腿直立支撑,上体微向右倾,右脚跟里转,左腿屈膝内扣向斜上提起，伸髋、挺膝、甩腿，左脚向斜前、向内横踢，脚面绷平，小趾外侧朝上，力达脚背后端，两手护于胸前，目视左脚。

要点：左腿屈膝内扣，小腿外翻，发力时以大腿带动小腿，小

腿横向甩踢，力点要准。

作用：横踢腿也属横向进攻型的屈伸型腿法，但大小腿的屈伸没有蹬腿那么明显，其主要特点是起动方便，力度要大（右横踢腿尤为突出），是运用较多的进攻方法之一。如垫步抢攻对手的上、中、下三盘，实战中双方对峙时，突然垫步逼近对手，同时，以左横踢腿抢攻对手的头部、肋部或前腿内侧。

❖ 右横踢腿

重心前移，左腿直立支撑，上体微左转，左脚跟里转，右脚合胯屈膝上提，右脚经外向斜上、向里横踢，绷脚面，小趾外侧朝上，力达脚背后端，两手收回，护于胸前，目视右脚。

要点参见左横踢腿。

作用：主动抢攻对手背部或前腿外侧，在双方对峙时，以拳法或前腿虚晃一招后，迅速以右横踢腿抢攻对手的背部或前腿外侧。

摔　法

❖ 进身抱腿摔

实战势开始，左脚向对手两腿之间上步，右脚跟进一步（或右脚上步，左脚跟进），屈膝半蹲，两手抱住对手的腿后，视具体情况，可灵活采用：抱腿别摔；抱腿打腿摔；抱单腿摔；接腿勾踢摔；接腿搂腿摔；抱双腿摔等。

1. 抱腿别摔

动作说明：甲站立或起左侧弹腿时，乙将甲左腿抱住，并向甲的支撑腿后上左步，上体右转，长腰成右弓步，用左腿别甲右腿，同时用胸下压甲左腿。

要点：抱腿准确、有力，弓步转体协调，长腰压腿顺势。

易犯错误及纠正方法：

（1）易犯错误：抱不住腿。

纠正方法：掌握好抱腿时机。

（2）易犯错误：摔不倒对方。

纠正方法：别腿、压腿衔接要快。

技击作用：可用于主动进攻或防守反击。

2. 抱腿打腿摔

动作说明：甲出拳打乙，乙下躲闪身，同时上左步，两手抱甲左腿，抱起后，左腿向前摆至甲右膝窝处，随即上体右转，左小腿后打甲右腿。

要点：下潜，抱腿准，前摆后打腿协调一致。

易犯错误及纠正方法：

（1）易犯错误：抱不住腿。

纠正方法：下潜抱腿动作要连贯、迅速。

（2）易犯错误：摔不倒对方。

纠正方法：前摆后打腿动作不能有间歇。

技击作用：多用于主动抱单腿或接抱对方蹬踢腿的防守反击。

3. 抱单腿摔

动作说明：甲用左蹬腿踢乙胸部，乙立即用两手抓握甲左脚，两腿屈膝，两手向甲右侧拉其左脚，随即向下、向左上方成弧形摆荡。

要点：抓握要准确、牢固，右拉和弧形摆荡动作要连贯有力。

易犯错误及纠正方法：

易犯错误：摔不倒对方。

纠正方法：弧形摆动要协调一致，注意借用对方反抗之力。

技击作用：多用于对方蹬腿、横打腿等。

4. 接腿勾踢摔

动作说明：甲用右侧弹腿踢乙肋部，乙顺势用左手抱住甲右小腿，右手由甲右肩上穿过下压其颈部，同时右脚向前勾踢甲左腿踝关节处。

要点：接、抱腿准确，压颈、勾踢动作要协调有力。

易犯错误及纠正方法：

易犯错误：摔不倒对方。

纠正方法：控制住甲的腿，压颈、勾踢动作要协调、连贯。

技击作用：多用于防守对方左、右侧弹踢腿的反击摔法。

5. 抱双腿摔

动作说明：甲出拳击打乙头部时，乙上左步，下潜躲闪，两手抱甲双腿，屈肘，两手用力回拉，同时用左肩前顶甲大腿或腹部，将甲摔倒。

要点：抱腿紧，两臂后撤，肩顶有力。

易犯错误及纠正方法：

（1）易犯错误：抱不住双腿。

纠正方法：注意下潜时接近对手。

（2）易犯错误：摔不倒对手。

纠正方法：两臂后拉，肩顶配合协调。

技术作用：可用于主动进攻或防守反击。

❖ 挟颈摔

实战势开始，以手臂夹住对手的颈部，左手和右手同时用力，

并配以伸腿、弓背、转腰，将对手摔倒，通常用的方法有夹颈背摔、夹颈打腿、拨颈勾踢等。

1. 夹颈背摔

动作说明：双方由实战式开始，甲以左冲拳击打乙头部，乙用

前臂格挡甲左前臂。乙左臂由甲右肩上穿过后，屈臂夹甲颈部，同时右脚背步至与左脚平行，两腿屈膝，身体右转，以左侧髋部紧贴甲方前身，继而两脚蹬伸，向下弓腰，低头将甲背起后摔倒。

要点：夹颈牢固，背步转身要快，低头、蹬腿协调有力。

易犯错误及纠正方法：

(1)易犯错误:夹颈不牢固。

纠正方法：应使身体贴靠对方，屈臂环绕夹颈。

(2)易犯错误:背不起对方。

纠正方法：应强调背步、转身、弓腰协调连贯。

技击作用：多用于冲拳、贯拳击头部时反击或主动进攻。

2. 夹颈打腿

动作说明：甲用左冲拳击打乙头部，乙右前臂外格甲左臂。乙左手由甲右肩上穿过，屈肘夹颈部，同时右脚背步与左脚平行，随即右转体用左小腿向后横打甲左小腿，将甲扛起并摔倒。

要点：格挡迅速，夹颈有力，打腿、转身动作协调一致。

易犯错误及纠正方法：

（1）易犯错误：夹颈不紧。

纠正方法：夹颈、上步同时身体协调一致。

（2）易犯错误：摔不倒对方。

纠正方法：适用于对方用冲拳、贯拳击打时的防守反击。

3. 拨颈勾踢

动作说明：甲用右冲拳击打乙头部，乙用左掌外格甲右前臂。乙伸右臂穿过甲的肩部，用手拨甲颈部右侧，同时右脚勾踢甲左脚的踝关节处，将甲勾倒。

要点：拨颈、勾踢协调有力。

易犯错误及纠正方法：

易犯错误：摔不倒对方。

纠正方法：注意右手拨颈、右脚勾踢动作配合一致。

技击作用：用于对手冲拳、贯拳击打时的防守反击。

❖ 过背摔

甲以左腿、拳法进攻被乙抱住后，乙迅速上步，屈膝下潜，身体微转动，合理运用背部将甲摔倒。通常运用的动作有：插肩过背、抱腰过背、抱腿过背等。

1. 插肩过背

动作说明：甲用右贯拳击打乙头部；乙立即向前上步，左闪身，

左臂由甲右腋下穿过；两膝屈膝；同时右手推拍甲右前臂，两腿蹬直，向下弓腰、低头，左上臂插抱甲右腋下将甲摔倒。

要点：闪身快，背步、转身协调一致，低头、弯腰、蹬腿连贯有力。

易犯错误及纠正方法：

（1）易犯错误：抱不紧对方。

纠正方法：应以背部靠近对手。

（2）易犯错误：背不起对方。

纠正方法：注意低头、弓腰、蹬腿动作连贯，用力充分。

技击作用：防守贯拳、冲拳对头部攻击时，闪躲反击。

2. 抱腰过背

动作说明：甲用右贯拳击打乙头部；乙向前上半步，右闪身，左臂由甲右臂下穿过，左手抱甲腰部，右手拍挡甲左拳，背右步，屈膝后蹬直，向下弓腰、低头将甲摔倒。

要点：闪身快，抱腰紧，屈膝、伸腿、低头、弓腰协调连贯。

易犯错误及纠正方法：

（1）易犯错误：抱腰不紧。

纠正方法：应注意上步转身要贴近对方身体。

（2）易犯错误：摔不倒对方。

纠正方法：应使上步、转身、屈膝、低头、弓腰、伸腿

动作连贯一致，用力充分。

技击运用：防守贯拳、冲拳击打头部时的反击。

3. 抱腿过背

动作说明：甲用右腿蹬击乙胸部，乙立即用双手抓握甲右脚，乙右脚向后背步、转身屈膝，将甲右腿上抬到左肩上；随即两腿蹬直，低头，弯腰，将甲过背摔倒。

要点：接脚准，抓握牢，转身快，低头、弓腰、蹬腿协调一致。

易犯错误及纠正方法：

（1）易犯错误：抓脚不牢。

纠正方法：多做抓握对手脚踝的练习。

（2）易犯错误：扛不上对手右腿。

纠正方法：多做转身屈膝、上抬对手右脚动作的练习，练习时

动作要连贯一致，不能断劲。

技击运用：多用于反击蹬腿动作。

防守方法

❖ 接触性防守

1. 拍挡

实战势开始，左手（右手）以掌心或掌根为力点，向里横向拍挡。

要点：前臂尽量垂直，拍挡幅度要小，用力短促；注意避开对方发力的力点。防守直拳时，拍挡对方手腕的外侧或拳背；防

守腿法时，拍挡对方的踝关节或胫骨正面。

作用：防守对方以直拳或横向腿法向我上盘进攻。

2. 挂挡

左手（右手）屈臂，以前臂外侧为力点，向同侧头部外发力挂挡。

要点：上臂与前臂相叠，紧靠于头部外侧，肘关节下垂，上体含胸，防守面要大，接触对方的一瞬间手臂肌肉要紧张，同时注意缓冲。

作用：防守对方以横向的手法或腿法向我中、上盘进攻。如左右贯拳或左、右横踢腿等。

3. 拍压

左拳（右拳）变掌，以掌心或掌根为力点，由上向前下快速拍压，发力要干脆，拍压后迅速还原。

要点：拍压时臂弯曲，手腕和掌只要紧张用力，臂内旋，虎口、

指尖均朝内。当对方攻势猛、力量大时，拍压的同时可配合前腿步法后撤。

作用：防守对方以直线手法或腿法向我中、下盘进攻。如下冲拳和蹬、踹腿等。但对方的进攻低于膝关节时，不宜使用拍压，可采用提膝防守。

4. 外抄

左手（右手）臂外旋弯曲，上臂接近垂直，前臂近似水平，手心朝上。同时，右手（左手）屈臂紧贴胸前，立掌，手心朝外，手指朝上。

要点：两手上臂紧护躯干，两手心成钳子状，抱腿时两手相合锁扣。

作用：接抱对手以横踢腿向我中、上盘进攻的腿。如外抄右横踢腿。

5. 里抄

左手（右手）臂微屈并外旋，紧贴腹前，手心朝上。同时右手（左手）屈臂紧贴胸前，立掌虎口朝上，掌心朝外。

要点：两臂紧贴前，保护胸、腹部，抱腿时右手（左手）掌心朝下，左

手（右手）相合锁扣。

用法：抄抱对手以直线腿法或横线腿法向我右侧上、中盘攻击的腿。如正面的蹬、踹腿等。

❖ 非接触性防守（躲闪）

1. 侧闪

当对手从正面进攻时，右脚蹬地（以左侧闪为例），重心移至左脚（或下肢做后圈步、绕环步），上体左移，同时以腰为轴向右移，使对方的攻击从体侧经过。

要点:侧闪动作要速度快、幅度小,最好让对方的进攻擦身而过;动作时机要把握好,不要太早,以防对方变换进攻路线和方法。可在侧闪的同时配合挂挡、拍压等接触性防守,以增强防守的效果。

用法：对方用蹬腿或踹腿进攻腹部时,运用侧闪让开对方的脚掌,使其进攻落空。

2. 下潜

当头部受到对方攻击时,两腿微屈,重心下降,缩颈低头,双手护住头部,让对方的攻击从头上掠过。

要点：下蹲幅度不要太

大;动作过程中，微低头，双手不要挡住视线，眼睛始终要盯住对手;让开进攻后，要迅速站起，还原成实战势。

用法：对方用直拳进攻头部，当拳接近面部时，迅速下潜，从头上让过对方拳法，同时，可用拳法还击其中盘。

3. 后仰

前脚蹬地后脚尖点地，重心移至后脚，上体微后仰。

要点:上体不要挺胸、腹，后仰时身体距离进攻的拳脚越近越好，便于反击。

用法：躲闪对方的上路拳法的进攻。

4. 提膝

实战势开始，重心移至后腿，前腿屈膝提起离地。

要点：重心后移，含胸收腹，提腿迅速，根据对手腿法进攻的路线、方位，膝盖分别有里合、外摆或垂直向上的变化。

用法：防守对手从正面或横向以腿法攻击下盘部位。如低踹腿、弹腿、低横踢腿和勾踢腿等。

第六章

散打基本战术

散打战术，是根据比赛双方的各种具体情况，为战胜对方而采取的计策和方法。自古以来，兵家均以谋为本，明代刘伯温《百战奇略》中说："用兵之道，以计为首。""若不计而进，不谋而战，必为敌败。"《晋书·杜预传》中说："以计一当万。"我国兵法中不朽的军事战术思想为散打战术的理论、训练提供了相当丰富的素材。

散打战术的作用在于把运动员已经获得的身体、技术、心理等训练成果，根据比赛双方的具体情况最优化地进行综合应用，其核心就是"制人而不制于人"，造成有利的态势，掌握主动权。为了争取主动，一方面对自己要扬长避短，另一方面对对方要抑长制短。在比赛双方旗鼓相当、势均力敌的情况下，正确地运用战术，可以减少体能的消耗和无效行动，对夺取比赛的胜利具有重要的作用。

散打战术的形成与运用是建立在一定的身体、技术、心理、智能基础上的，而散打战术的训练培养过程又能促进运动员这些方面的能力迅速增长和提高，两者互为补充、互相促进。

散打战术训练，首先应该树立正确的战术指导思想，要遵循散

打技术的规律和竞赛规则，注重实用性和灵巧性。实现战术目的，必须掌握战术原则、战术形式和发挥战术作用的条件，这是运用战术的基础。至于掌握的广度和深度，直接影响战术的质量和效果。故此，战术训练要培养良好的战术意识，在复杂多变的条件下，积极观察场上情况，随机应变，快速准确地决定自己的战术行动方案。战术意识反映在于行动的预见性、判断的准确性、攻防的主动性、技术的目的性、动作的隐蔽性、配合的一致性、战术的灵活性诸方面。

可以说，运动员在比赛中每一个战术的正确运用，无不受战术意识支配。战术意识水平是衡量运动员成熟与否的重要标志之一。

散打战术原则

战术原则，是制订战术计划、实施战术方案必须遵循的准则。

❖ 按散打的动作功能设计战术

战术，是通过运用一定的技术动作来实现的，不同技术动作的组成方案，表达了不同的战术思想。因此，按散打的动作功能设计战术方案能合理地、有效地充分发挥技术的最大效应。它能使我们从散打技术的整体性、有序性、相关性、动态性的系统观点中，正确地制定战术。不能孤立地、片面地考虑某一个战术环节和某一个战术动作的技术因素，产生单一的战术方案。

散打的动作主要由手法、腿法、摔法和步法组成，其中大部分动作既能进攻，也能防守，或攻中有防，防中寓攻。要充分发挥其功能，就必须认识动作之间的上与下、长与短、大与小、进与退、近与远、攻与防和互相矛盾、互相制约、互相转化的规律，按照不同动作的不同作用，制订不同的战术方案。

❖ 按攻防兼顾的原理设计战术

比赛中，有的运动员一味讲究进攻，不顾防守；有的则单纯防守，不讲进攻，结果使攻防失调，顾此失彼。因此，要遵循“攻防兼顾”的原则，在瞬息万变的激烈对抗中，保持攻防的合理节奏。

攻防兼顾不是绝对的或一成不变的。比赛中要根据具体情况灵活应用。一般来讲，面对强手应加强防守，防中有攻，以防守反击为主；对弱手则应积极进攻，攻中有防，以主动进攻为主；水平相当时，要攻防兼顾，做到有序进攻，稳妥防守，抓住战机，猛烈进攻。

❖ 按控制与反控制的原理设计战术

散打比赛中，常听到运动员说：“我浑身是劲，动作还没有用完就输了，真气人。”产生这种现象的原因应归结于控制问题。散打比赛的过程，实质上是一个控制与反控制的过程，谁能控制对手，谁就占有主动权。例如，甲擅长踹腿，乙如果不能控制其特长，甲的踹腿也就会越踹越有劲，越踹命中率越高。如果换了丙与其相对，

丙了解甲的特长，只要甲使用踹腿，丙便使用有效防守破之，成功几次后，甲在心理上就会慌乱，不但踹腿这一技术专长发挥不出来，而且其他技术也难以正常发挥和运用。在制定战术时，就是要根据控制与反控制的原理，全面了解对方的情况，避实就虚，先克其长，掌握主动权，使其不能发挥技术特长。

❖ 按灵活多变的原理设计战术

散打的任何战术都不是万能的。比赛中采用固定不变的战术，一旦被对方摸到规律，往往使自己陷入被动的困境。因此，设计战术时，应多考虑几种战术形式及其互相之间的衔接关系，最大限度地体现不同的进攻方向和进攻点，既灵活多变，又有针对性和实效性。

❖ 按对方实际状况设计战术

《孙子·谋攻》篇中的“知己知彼，百战不殆”，是我国古代军事家确定作战方案的先决条件。散打比赛和打仗一样，要战胜对方，首先要了解对方，否则，制定的战术就没有针对性。设计战术之前应了解对方的下述情况：

1. 技术情况

对方是善于用拳、善于用腿，还是善于用摔；他的攻击实力是什么，主要得分手段靠什么;对方的技术弱点是什么，是防拳能力差、防腿能力差，还是防摔能力差等。

2. 攻防类型

一般来讲，运动员的攻防类型有 3 种：一种是以主动进攻为主的进攻型，一种是以防守反击为主的防守型，另一种是能攻能守的综合型。在制定战术前，要了解对方是属于哪一种攻防类型。

3. 动态类型

运动员有不同的动态类型，有的属于力量型，进攻时主要依靠强大的力量威慑对方，削弱对方战斗力，以力取胜；有的属于技术型，主要依靠良好的技术发挥，以得分取胜。对付前者需要制定以快制力、以巧制力的战术；对付后者则需要封堵路线、改变距离等，制定连续进攻的战术。

4. 身体素质

运动员之间的身体素质有着明显的差异，有的力量大，有的体力好，有的反应快，有的速度快，有的则协调性好。对于不同身体素质的对方要采用不同的战术。例如，遇到耐力差的就要采用消耗其体力的战术，逼着打或是把对方斗急拖着打，不给对方喘息的机会，使其体力迅速下降而取胜。

5. 心理素质

心理素质是一个非常广义的概念，这里着重泛指运动员的意志及表现，在激烈对抗中的心理承受能力和控制能力。有的运动员虽然技术好，但心理素质差，遇到激烈的拼搏便产生惧怕、恐慌等心理障碍，不能正常地发挥技术而导致失败；有的运动员无所畏惧，敢打敢拼，在不利的条件下能“处虚若无”，从容对阵，具有良好的心理承受能力和控制能力。在制定战术时要全面考虑对方的不同心理素质，有针对性地确立合理的战术方案。

散打战术形式

散打的战术形式，是指为了完成战术意图而由各种动作组成的具体方法。散打以它丰富的技术内容和相生相克、相互转换的技术规律，为多彩多姿的战术形式提供了先决条件。

❖ 直攻战术

直攻战术，是指在没有虚晃及假动作的掩护下，使用技术方法直接进攻对方。运用直攻战术必须具备以下条件：

1. 当对方的反应速度、动作速度、位移速度弱于对手时。
2. 当对方的进攻动作不够熟练时。
3. 当对方体力不足时。
4. 当对方的防守姿势出现空隙时。
5. 当与对方的距离能有效地使用进攻动作时。

❖ 强攻战术

强攻战术，是指硬性突破对方的防守后发出的攻击。运用强攻战术需具备以下条件：

1. 力量、速度、耐力素质比较全面，但技术不如对方时。
2. 身体素质好，技术比较全面，但比赛经验不如对方时。
3. 对方的近战能力比较差时。
4. 对方的耐力比较差时。
5. 对方的心理素质比较差时。

强攻不是盲目蛮干，而是通过强攻这一战术手段，扬己之长，实现打击对方的目的。

❖ 佯攻战术

佯攻战术，是有目的地造成对方的错觉，把对方引入歧途，实现真实进攻。在散打比赛中，佯攻是最为常见的战术形式之一。

随着技术水平的普遍提高，特别在对付动作反应快、防范能力强的对手时，直接进攻容易被其防守、截击。而采用指上打下、指

下打上、指左打右、指右打左等假动作，可以转移、分散对方的注意力，促使其对虚假动作产生某种反应，再乘机攻击其防守的空当部位，定能提高进攻效果。

❖ 迂回战术

迂回战术，是指利用步法的移动从侧面进攻。“有力当中上，无力走两旁”。当对方的动作力量大、正面攻击力强，或者当对方集中注意力进行正面防守时，采用迂回战术，向左或右侧移动步伐，既可以避其锋芒，又可以制造战机，“以迂为直，以患为利”。

我们知道，直线比弧线短，动作抵达快。但散打的弧线动作又可以破直线动作。迂回前进，调动对方随之转动，从而破坏对方的动作习惯以产生空隙，再伺机进攻，即可奏效。因此，在迂回移动的过程中，不但要注意移动的方向、角度、距离和进攻时机，更要注意步法的灵活性和身体位移的突变性。

❖ 制长战术

制长战术，是采用相应的方法，制服对方的战术意识。每一个运动员都有自己的技术专长，这种技术专长是本人得分取胜所依靠的主要手段。如果能针对对方的擅长制定战术，使其擅长的技法不能正常发挥，从而被迫采用其他的动作，这无疑能起到制彼所长的作用。

制长战术大致有以下几种：

1. 克制善于用手法的对方。

2. 克制善于用腿法的对方。在多种腿法中，又要区分擅长哪种腿法。

3. 克制善于用摔法的对方。

4. 克制善于用重拳、重腿的对方。

5. 克制善于主动进攻的对方。

6. 克制善于防守反击的对方。

7. 克制能攻能守的对方。

❖ 制短战术

制短战术，是集中力量专门进攻对方的薄弱环节，制其所短。每一个运动员既有自己的长处，也有自己的弱点和短处。有的防拳能力差，有的防腿能力差，有的防摔能力差，有的防上能力差，有的防下能力差，有的某种身体素质差，有的基本动作差，有的有习惯性的错误动作等等。

采用这一战术，关键在于是否了解和掌握对方的短处和弱点。这可以通过赛前对对方以往比赛情况的回忆，或者借助于对方同第三者比赛时进行观察，或者通过其他人进行调查，综合各种情况进行分析。除了赛前“侦察”以外，更重要的是在比赛中进行观察，通过几个回合的试探性进攻，对对方的弱点迅速做出判断，及时调整自己的战术手段，攻击对方的弱点。但是也要不断地变换方法，以免对方察觉自己的战术意图。

❖ 多点战术

多点战术，是指进攻点立体交叉，全方位地攻击对方。当对方的技术水平较高时，采取单一方法进攻容易被防范。应采用上、中、下，正面、侧面，手法、腿法、摔法的多点战术，不断地变化进攻方法，以最大限度地分散对方的防守注意力，牢牢地掌握主动权。

实施多点战术要求运动员技术全面，头脑清楚，并有较好的灵活性和动作转换的协调能力。

❖ 重创战术

重创战术，是用力量打击对方，使其失去战斗力。实施重创战术需要具有一定的身体、技术条件。当自己的攻击力量比对方好但耐力差，或者攻击力好而技术不如对方，或者在比分落后的情况下，或者由于其他因素不能打持久战时，在规则允许的范围内，寻找、制造机会，用重拳或重腿打击对方，使其身体及心理受到威慑，失去继续比赛的信心和能力。

实施重创战术，一是自己的手法、腿法要有较大的功力。二是要准确、果断、迅速、有力地打击对方抗击能力差的部位，但不能违反竞赛规则和有意伤人。

❖ 突袭战术

突袭战术，是针对对方自然的习惯动作，采用相生相克的方法进攻对方。散打比赛时，只要留心注意观察，就会发现对方无意识地表现出一些习惯性动作。例如，有的运动员提膝抬腿，习惯将身体重心放在前腿上；又如，在一个回合的进攻中，裁判员并没有发出“停”的口令，而双方运动员都停止了进攻，自然分开，然后准备下一回合的较量，这是一种典型的动态习惯。如果利用这个习惯，当对方停止动作时，突然发出进攻，出其不意、攻其不备，打个措手不及，可达到突然袭击的效果。

采用突然袭击战术，需要不断地观察和捕捉对方的习惯动作，然后制订具体的突袭战术行动方案；平时要加强训练，以便掌握突然袭击战术所必备的技术和身体素质。

❖ 反击战术

反击战术，是当对方发出进攻动作后，在防守的过程中反击对方。攻守对抗历来讲究“以静带动”“后发先至”。主动进攻需改变预备姿势，身体的某一部位必定会产生防守空隙和薄弱环节，如能在防守的同时进行反击，就能避免上述弱点，取得战机的主动。防守者“以静带动”，有思想准备，也比较容易进行反击。

当遇到性情急躁、缺乏比赛经验、喜欢猛冲猛打的对手时，可以以反击战术为主、主动进攻为辅。以主动进攻掩盖自己反击战术的意图，刺激对方，使其更加急躁，为反击战术创造条件。反击战

术的手段主要有迎击、挡击、抓击、顺击、闪击和钻击等。

❖ 下台战术

下台战术，是利用竞赛规则和擂台等客观条件，采用技术方法迫使对方掉下擂台的战术手段。下台战术按其形式可分为逼打下台和牵引下台两种。

逼打下台：就是当对方退到警戒线时，用动作封堵对方的两侧，不让他转移到擂台中央，直接把他打下台或使他无法招架而自己跳下台。

牵引下台：牵引下台必须借用对方的冲力，引进落空。这要求运动员具有较好的视觉判断能力和距离判断能力。一般来讲，以擂台上的警戒线为标志，小级别、个子矮的运动员以退到警戒线上使用该方法为宜；而大级别、个子高的宜退到警戒线内侧为佳。

❖ 边角战术

边角战术，是利用对方退到擂台边缘怕掉下擂台的不利心理状况进行攻击的战术。比赛中,有目的地将对方逼到擂台的边线或角上，造成对方的心理恐惧导致动作紊乱，抓住这个机会，在防止被对方牵引下台的前提下，力争多进攻、多得分。

❖ 体力战术

体力战术，是通过合理的体力分配以取得胜利的战术方法。散打比赛，运动员体力消耗较大，采用体力战术，就是在一场三局的比赛中，合理地分配体力，既不虎头蛇尾，也不能一味保守。在比赛中如何分配体力要根据对方的情况来定。如果对方技术较弱，可以保持体力以技术取胜；如果对方技术较好，可以采取消耗对方体力的打法取胜；如果双方实力相当，要有打持久战的准备；如果对

方耐力较差则应打体力消耗战，连续进攻不给对方喘息机会，迫使其体力下降以此获胜。

❖ 心理战术

心理战术，是通过一些特定的方式和措施，给对方造成心理上的压力，而取得比赛胜利的方法。心理战术形式多样，如赛前隐瞒实力，麻痹对方；漏出破绽，造成对方的错觉；激怒对方或松懈对方斗志;等等。比赛中的重创战术、强攻战术、边角战术、佯攻战术、制短战术、制长战术等，都具有心理战术的因素，其目的就是迫使对方紧张、恐惧、气馁，从而失去比赛的信心，导致比赛失败。

散打战术训练方法

❖ 战术训练的基本要求

1. 努力培养战术意识

培养战术意识是战术训练的中心环节。比赛中的战术运用要靠赛前了解情况，制订战术方案，靠教练的临场决策指挥，更重要的是在瞬息万变的情况下，要靠运动员的独立作战能力、战术思维能力和战术应变能力等。因此，在训练过程中，要通过各种途径使运动员学会比较、分析、综合、判断，促进战术意识水平的提高。

2. 基本战术同多种战术相结合

在战术训练中，首先使运动员精练几套基本战术，这样运动员才能在临场比赛中根据战局的实际情况灵活运用。除基本战术外，还应根据自己的特点，确立对待不同对手的几套特殊战术的方案，以适应各种情况的需要。在战术训练中，既不能华而不实，只求多而不求精，也不能把战术训练得过于简单化。

3. 要重视战术训练的质量

在战术训练中，不仅要求运动员全面地掌握战术训练在形式上的具体使用方法，而且要求在实施过程中保证较高的质量，并严格按照实战的要求去训练。战术动作的力量、速度、时机、判断、反应节奏、方向、距离和角度等，都应保质保量地完成。

4. 战术训练要同其他训练相结合

战术训练与身体训练、技术训练、心智训练有着密切的关系。身体训练、技术训练、心智训练是战术训练的基础，而战术训练又是前者综合能力的反映和延伸，在训练中要科学地安排，协调地发展。

❖ 战术训练的方法

1. 假设性训练

设想对方各种不同的打法，“身临其境”，假设性地运用相应的打法形式。如设想对方采用“主攻抢打”，可用相应的“反击战术”破之。这种练习可以一种战术反复练习，也可以多种战术结合练习；可以单法练习，也可以配套练习。如先“诱攻反击”，接着“快招连打”；或者先用“主动进攻”，然后“强攻硬取”。总之，可以设想各种情况进行空想空击，也可以利用沙包、树干、假人等目标，采用佯攻巧打，或闪躲进攻来击中目标。这种假设性训练的方法，主要目的是培养战术意识，掌握各种战术的具体用法。

2. 战例分析训练

具体做法是从比赛录像中选择一些反映战术特点和应用战术较典型的片段，组织运动员观看。典型片段可选择战术运用好的，也可以选择战术运用不好的，借助声像的直观印象，启发运动员的综合分析能力，研究本队（或个人）在战术运用中的特点和问题，制定方案，实施贯彻。

3. 战术分解训练

一种战术形式一般要由几个技术动作组成，为了使每一个技术动作掌握得牢靠扎实，可先分解进行训练，有一定质量后，再进行完整的战术形式训练。例如，练习指上（冲拳）打下（踹腿）的佯攻战术，第一步先练冲拳，目的是先行造势，引起对方的注意与反应；第二步练习踹腿，要求踹腿突发，快速有力；第三步，把上步冲拳

与踹腿连起来完整练习，掌握正确的动作节奏。

4. 模拟训练

是教练员（或同伴）根据不同战术训练的要求选择针对性动作，陪同队员练习的一种方法。例如，模拟主动进攻型的对手，模拟防守反击型的对手，模拟重拳重腿的对手，模拟擅长拳法的对手，模拟擅长腿法的对手，模拟擅长摔法的对手，以及模拟比赛中的各种特殊情况等。要求模拟者动作逼真，提高练习者的适应能力和战术运用能力。模拟训练应逐步加大难度，可由慢到快，虚实结合，由固定到活动，由单一打法到多种打法，逐步增加难度，以提高诸种战术的运用能力。

5. 条件实战

根据战术训练的需要，教练员规定一定的内容或使用动作范围进行对抗战术训练。有效限制进攻或防守动作的实战对抗、限制击打力量的实战对抗、限制击打部位的实战对抗等，不管条件实战如何规定内容，其着眼点都应该把重点放在培养练习者的战术意识和战术运用能力上。条件实战，教练员应视情况随时叫暂停，分析练习战术运用的情况，指出问题，提出新的目标和任务。组织方法可固定对手，也可根据需要轮流“坐庄”。

6. 实战比赛

实战比赛的条件和环境应按照竞赛规则的要求，训练和培养运动员运用战术的能力，丰富临场比赛经验，并可根据比赛需要，安排有特定条件的对抗实战。如不同体重级别、不同技术水平的对抗比赛，一场三局，每局轮换一名比赛对手的比赛等。

“既得艺，必试敌”。实战比赛是训练和检验战术运用效果的唯一手段，应及时进行总结，养成研讨战术的良好习惯，牢固地树立战术观念。

第七章

散打常见运动损伤及处理

散打运动损伤概述

❖ 散打运动损伤的发生规律

散打同其他运动项目比较而言，运动损伤发生率是较高的。对2003 年全国武术锦标赛（散打团体赛和散打个人赛）中 200 多名参赛运动员的检查和调查情况统计，100% 的运动员都发生过两次以上的损伤。

1. 损伤发生部位

散打运动中的损伤几乎遍及全身。其中面部的鼻黏膜损伤出血为最多，其次是身体各部位的擦伤，尤其是小腿部位的擦伤。在上肢损伤中，以肩关节脱位、肩肘损伤、肘内侧软组织拉伤、指间关节损伤最多见；躯干以胸肋部挫伤、腰背肌肉筋膜损伤最多；下肢

最常见的是小腿部擦伤、膝关节内外侧副韧带损伤、踝关节扭伤、足背挫伤及足舟骨和足跖骨骨折。

2. 损伤发生场合

散打运动损伤大多发生在训练中，约占 72%，在比赛中造成的损伤约占 28%。训练课中发生的损伤，慢性伤和劳损较多；比赛中发生的损伤，则以新损伤为多，少部分是旧伤复发或加重。

3. 损伤性质

根据调查结果，绝大部分损伤为软组织损伤，包括肌肉、韧带、肌腱、筋膜、关节囊、腱鞘、皮下组织，还有骨组织的损伤和内脏器官的损伤包括大脑的损伤。

4. 损伤发生的原因

造成运动损伤的原因有 3 方面因素。第一，运动员本身的因素；第二，总体运动方法的因素；第三，周围环境因素。换句话说也就是内在因素和外部因素。

内在因素（个体因素），包括身体条件和心理素质。身体条件是指年龄、性别、体格、体力、疾病、劳损、疲劳度、关节可动域、身体柔软性等。心理素质是指不安性、紧张度、兴奋度、竞争心等等。

外部因素，包括方法因素和环境因素。方法因素包括质的因素（指运动的种类和运动的程度）和量的因素（指运动强度、运动时间和运动频度）。环境因素包括自然环境（指季节、气候、天气情况、海拔高度，以及运动安排在一日内的哪些时段）和人工环境（指运动器械设备、周围环境、服装、防护器、运动服等等）。

运动损伤往往是一个复合的因素所造成，从预防的角度看，必须了解和掌握可能造成损伤发生的相关因素。

身体条件

❖ 年龄

青少年期骨骼发育尚未成熟，因此对于外力的抵抗防御力较弱；发育中的勺骨和软骨与成人相比也显得软弱；骨的径生长与骨周围肌肉肌腱发育相比，前者显得较慢。在韧带受到暴力损伤，骨和软骨往往先出现损伤。有关学者对散打运动员损伤情况进行了统计研究，从统计的结果可以看出青少年组的损伤最多见的是骨折，其次是扭挫伤。而在成年组中软组织钝挫伤占首位，骨折占第二位。不同年龄的运动损伤也有不同的特点。

❖ 性别

男性与女性身体内脂肪含量有明显的差别，男性身体内脂肪含量平均是体重的 13%，而女性高达 23%。性别差异的另一表现是，女性下肢比男性轻度膝内翻畸形更多见，下肢力线的不准确造成膝小腿肌肉的积累性劳损，导致出现疲劳性胫疼痛的症状。女性月经期如果进行大负荷训练后，往往出现月经周期紊乱，造成雌激素分泌低下，这是造成疲劳骨折的原因之一。

❖ 体格、体力、技能

体重重的运动员比体重轻者容易造成运动损伤，这是因为他们体内脂肪多，肌肉的发达度减小，身体的灵活性、耐久力相应也变小，故而抵御造成创伤的暴力的能力也低。屈肌群与伸肌群肌力的肌力量比也是一个很重要的因素，例如，膝的屈肌、伸肌肌力比不平衡，大腿群屈膝肌容易发生肌肉撕裂伤。对于技术不熟练的运动员，如初学散打腿法技术的学员由于训练不当，膝关节周围容易损伤，在实战或条件实战中容易造成肌肉、关节的扭挫伤。很明显出现这些运动损伤是由于运动技术方面的原因。

❖ 其 他

慢性疲劳、贫血、感冒、痛经、睡眠不足等等，在身体因素不良的情况下，对遇到的意外缺乏敏锐的判断和快速准确的防护反应时，就可能出现运动损伤。

心理素质

运动员训练时注意力不能集中或者集中持续时间不长，不能有效地控制自身者，发生损伤的危险度增加。特别是处在青春期的运动员，精神相对不安定，往往出于某种原因而进行不科学的训练，或持续地超负荷训练，容易产生身心疲劳，产生运动损伤的可能性也随之增大。另一方面，过分紧张、高度兴奋的运动员也易发生运动损伤，如参加大型比赛，由于赛前的强化训练身心疲劳尚未调整

完善，即使是一流的运动员也会发生扭伤、肌肉拉伤、骨折等。

外部因素

❖ 方法的因素

对散打练习者或运动员来说，由于自身的体力、技术条件的限制，以及选择不适宜的训练手段，损伤的发生率将会提高。例如，刚刚学习散打就进行实战，或技术水平还不熟练的情况下就进行高难度的表演等，都可能造成重大的运动损伤。再如采用蛙跳训练，由于训练量过大，原本企图增强腰腿肌肉力量，结果事与愿违，不但锻炼没有效果，反而出现膝关节损伤、半月板损伤等等。此外，传统的腹肌运动（足膝伸、仰卧位屈体运动）训练，腹肌锻炼效果很小，相反由于腰、背负担增加，可引起后腰痛。炎热的天气进行剧烈运动时未能及时补充水和盐，会出现高体温和脱水症状，可造成热射病。综上说明，必须进行科学合理的训练和竞赛，应根据练习者的实际情况，选择合适的训练手段。

❖ 训练量的因素

运动量过大、时间过长、频率过高，均可导致运动损伤高发率。如每周训练 14 小时以上，7.3% 的散打初学者将出现不同程度的运动损伤。

环境因素

❖ 自然环境的因素

包括气候、温度、湿度等等，最具有代表性的影响因素有季节、气候。有关学者在分析下肢和足部运动损伤中发现，肌肉损伤频发于4、5、6月，这可能是因为亚洲地区这几个月梅雨季节湿度增大、日差气温较大等因素所致。

❖ 人工环境的因素

运动员使用劣质器械、护具的破损、不标准的训练场地以及运动员故意犯规等，都会造成运动损伤。此外，运动员的训练服不适合，如鞋子过小，常常会造成踝关节扭伤。场地情况更是如此，杂草丛生，凹凸不平，金属钉、石块等未及时清除，这些都可能是造成运动损伤的隐患。

❖ 散打运动损伤的预防

除了对每一类运动损伤进行预防外，尽量注意前述的各种损伤因素，设法减少它们的危害性。散打练习者和运动员要对以下诸点有充分的认识，以提高运动损伤的预防水平：使身体处于良好的状态；正常合适的环境；竞技法规的审定；科学指导监督；运动员积极性、竞争心理的调整；运动损伤的一般处理。

调节身体处于良好竞技状态

运动员自身对运动损伤的防范心理与提高运动员技术水平、体力，调整运动员竞争心理状态同样重要。

❖ 肌力训练

肌肉力量不够、协同或拮抗肌群肌力的不平衡，常常会造成损伤。

❖ 准备活动和放松运动

训练和比赛前的准备活动十分重要，它不但能使基础体温升高，深部肌肉的血液循环增加，肌肉的应激性上升，关节柔软性增大，还能调整赛前心理，减轻紧张感和压力感。在训练或比赛前，必须安排 20 ～ 30 分钟的准备活动，内容包括跑步、关节操、拉韧带等。有些散打运动员或练习者忽视赛前的准备活动，很容易发生肌肉撕裂、跟腱断裂、腰痛等情况。准备活动时间的长短应根据当日运动员的状态加以控制。正式比赛和平时训练准备活动的水平也不同。准备活动的项目包括基础部分和参加比赛时的特殊部分。放松运动是指在剧烈运动后通过放松运动使身体的体温、心率、呼吸、肌肉的应激反应恢复到正常水平。从预防损伤的角度来看这是同赛前的准备活动同样重要的，可使心率降低到安静时的水平，呼吸恢复到训练前的频率。根据不同内容的训练进行不同内容的放松运动，可防止运动后出现肌肉酸痛以及损伤，而且对精神压力的解除也有很大的帮助。

❖ 自身保护

除了认真做好准备活动和放松运动外，也应该了解和懂得初步处理训练后肌肉酸痛、关节不适的方法。早期可做温水浴、物理疗法、自身按摩。如果疼痛继续或加重时，应去医疗机构进行治疗。

安全环境

散打训练时的器具、设备、场地等周围环境在训练和比赛时都应进行严格的安全检查。在高低不平的软垫上训练易发生踝关节的扭伤；运动员护具的大小应该适合运动员的个人情况；女运动员为防止不必要的损伤，项链、耳环等锐利物品在训练时不应佩戴。应根据足的大小、足弓的高低选择运动鞋，常要求平底，鞋底有一定

厚度，并柔软。光脚训练时应在软垫的保护下，或确认场地内无玻璃或金属钉类物品。

护具的使用可使运动损伤的发生率大大降低，但如果护具质量低劣，不合自己的身材或者已有破损，其防护功能会受到影响。防护器材主要保护的部位是头颅、耳、颈部、肾区、两肋、胸部、生殖区等，也包括肌肉少的部位、关节、大腿前部、牙齿等。容易受冲撞打击的部位，运动员训练时应该养成使用护具的习惯。

❖ 加强预防意识

练习者因无预防运动损伤意识，运动和生活经验又较缺乏，心血来潮，不顾主客观条件的可能性，盲目地进行运动等情况所造成的急性损伤发生率较高。教练员要积极、认真地对练习者开展预防运动损伤的宣传、教育工作，并采取各种行之有效的预防措施。

❖ 重视准备活动

不重视准备活动或不正确、不科学的准备活动是引起运动损伤的主要原因之一，尤其是在肌肉拉伤或关节韧带扭伤的病例中，许多是与准备活动不充分有关的。准备活动要充分，量又不宜过大。准备活动应与专项运动的基本内容结合好，控制好准备活动与正式运动的时间间隔。准备活动一般控制在 15 ～ 20 分钟，也可视练习者个人情况稍延长。准备活动与正式运动之间的间隔时间约为 1 ～ 4 分钟。在准备活动中，进行适当的力量练习，对提高肌肉温度、改善肌肉功能、增进肌肉抗拉伤能力是很有益处的。此外，可把按摩作为准备活动的一项内容，通过按摩，可有效地增进肌肉力量和弹性，减少肌肉及其辅助结构黏滞性，有利于关节的灵活性和韧性，它对提高运动能力，预防损伤大有好处。一般来说，按摩时间为 10 ～ 15

分钟，可在准备活动前或正式训练、比赛前 15 分钟内进行。

❖ 提高训练水平

教练员应对每名练习者的训练水平、身体素质状况、运动技术特点、心理素质等了如指掌，然后有计划、有针对性地培养和训练他们。研究练习者易伤或相对薄弱部位的肌肉能力状况，从而提高其机体承担运动负荷的能力，这也是预防损伤的一种积极有效的措施。

❖ 合理安排训练和比赛

训练计划安排不符合科学训练的原则，违反了生理、医学和教育学规律，就会造成对机体的负荷度或损伤。为了发展某一项素质或技术动作，过急、过多地进行练习，不根据训练对象的特点，千篇一律地按一个计划训练，这都会使局部的负荷过重，机体无法适应而致伤。竞赛过密、过多，间隔休整不足等也是致伤的原因之一。因此，训练计划的制订要符合科学训练的原则，要在全面提高身体训练水平的基础上进行专项训练，应根据学生的年龄、性别、训练水平、身体素质和健康状况、伤病情况等特点，有针对性地安排训练和比赛。比赛后应注意调整、休息。

❖ 正确使用护具和场地

场地不平、过硬、过滑，气象条件不佳也是造成运动损伤的原因之一。正确使用护具，加强场地、器械的安全措施，强调即使是训练时也应佩戴护具。

❖ 特殊处理

身体机能状况不佳（如伤病后、体力不好、过于疲劳），不宜进行剧烈活动和比赛，这也是为预防损伤发生采取的措施。保持身体机能的良好状况，维护身体健康，注意生活节奏和营养，防止身体劳累，注意气候、环境变化，对运动损伤预防都有较大益处。另外，还应该加强运动员武德教育，提高运动员的思想道德意识，避免在赛场上故意伤人。

❖ 做好记录

认真填写损伤登记卡，定期进行统计分析和研究，及时做好预防工作。

散打运动损伤分类

为了便于分析与研究运动损伤，及时提出有效合理的预防、治疗、康复和训练措施，现将常见运动损伤介绍如下：

❖ 按损伤的组织结构分类

皮肤损伤、肌肉和肌腱损伤、腱鞘损伤、筋膜损伤、滑囊损伤、关节损伤或关节囊韧带损伤、软骨损伤、骨损伤、神经损伤、血管损伤、内脏器官损伤、软组织损伤等。此外，男性睾丸和女性乳房也是运动中易受伤的部位。

❖ 按损伤的属性分类

根据伤后皮肤、黏膜是否完整，损伤处是否与外界相通来划分，可分为以下两种：

1. 开放性损伤：伤后皮肤或黏膜完整性遭到破坏，损伤组织与外界相通，如擦伤、刺伤、切伤、撕裂伤、开放性骨折等，这类损

伤往往可见到伤口，有外出血现象，易引起感染。

2. 闭合性损伤：伤后皮肤或黏膜保持完整，伤处未与外界相通，如挫伤、肌肉拉伤、关节扭伤、脑震荡、内脏破裂、闭合性骨折或关节脱位等。这些损伤是无法直接看到的，一般均有内出血现象。

❖ 按伤情的轻重和影响运动能力的程度分类

1. 轻伤：伤情较轻，无明显功能影响，伤后基本上能按原计划进行训练。

2. 中等伤：伤情较重，有一定的功能影响，伤后不能按原计划训练，需要明显减少或暂停损伤部位的训练。

3. 重伤：伤情严重，有一定明显功能影响或功能丧失，伤后不能进行训练。

❖ 按损伤程度分类

1. 急性损伤：一次性或一瞬间的直接或间接暴力所致的损伤。它发病急，往往受伤者即刻或短时间内就表现出来，患者一般都能清楚地说出受伤的过程与原因。病程短，病理变化以渗出、肿胀为主，临床症状与体征表现明显。

2. 慢性损伤（包括劳损和陈旧的损伤）：因多次受轻微暴力、细微损伤逐渐累积而成；或因局部长期超限的过度负荷，使组织逐渐劳损所致；或因急性损伤处理不当或损伤未愈再伤逐渐转变而来。它发病缓慢，病变过程长，病理变化往往以组织变性、粘连为主，临床症状与体征表现不明显，并常具有反复发作或多变的特点，患者对损伤过程、病史与原因会诉说不清楚。

散打运动中常见的运动损伤及处理

❖ 擦伤

原因：擦伤是散打运动中最轻也是最常见的一种开放性伤。被对手的拳套、护腿擦到或被对手摔倒时擦伤。

征象：表皮受损，疼痛，出血。

处理：小面积、浅表、无异物污染的皮肤擦伤，训练和比赛时可直接喷上药物后继续训练和比赛，待比赛、训练结束后，先用生理盐水冲洗消毒，局部涂抹2%的红汞或者1%～2%的龙胆紫液，不必包扎，但面部的擦伤最好用龙胆紫液等染色剂涂抹。关节附近的擦伤，不宜采用干燥暴露治疗，伤口因为干裂后既影响运动又易感染，还有可能波及关节，可采用5%～10%的磺胺软膏或青霉素软膏涂敷。如果是大面积擦伤或伤处有异物，可先用生理盐水彻底冲洗伤口，并以绷带加压包扎。对于污染较严重的伤口，先将异物彻底清除，再用凡士林纱布覆敷伤口，由医生清创后，再施用抗菌药物和注射破伤风抗毒血清。

❖ 撕裂伤

原因：撕裂伤也是散打运动中常见的一种开放性损伤。被对手重拳击中眉弓部、额部、唇部等易出现撕裂伤。

征象：表皮受损，疼痛，流血。

处理：当发生眉弓部撕裂伤以后，为了继续进行比赛，可先用生理盐水冲洗，再用肾上腺素液棉球压迫止血，后用粘胶封合。待比赛结束后到医院做清创缝合、抗感染及预防破伤风治疗。

❖ 挫伤

原因：当被对方踢中、击中时都有可能发生挫伤。散打运动中较易发生挫伤的部位有大腿、小腿、胸部、头部、睾丸等。

征象：单纯性挫伤，一般都有疼痛（先轻后重，一般持续 24 小时）、压痛、肿胀、出血、功能障碍，挫伤后的出血可为瘀点、瘀斑及皮下组织中局限性积血（血肿），挫伤重者疼痛和功能障碍较明显。

复杂性挫伤较为严重。如头部挫伤后轻者可发生脑震荡，重者可能造成颅骨骨折而合并脑挫伤以致危及生命；大、小腿挫伤严重时可引起股四头肌及腓肠肌肉或肌腱的断裂；胸部挫伤可合并肋骨骨折甚至肺部损伤形成气胸或血胸；睾丸挫伤可因剧烈疼痛而引起休克；腰部挫伤可合并肾挫伤等。少数病例挫伤后可继发感染性化脓；肌肉挫伤后可出现继发性钙质沉着化骨，形成化骨性肌炎；严重的挫伤形成的血肿有时会妨碍血液循环，引起局部肌肉的缺血性挛缩。

处理：对于单纯性挫伤，可施行局部冷敷、加压包扎、抬高伤肢、外敷伤药等处理方法。对于复杂性的挫伤，如有休克症状时，应首先进行抗休克处理，采用止痛、止血等抗休克措施，同时，急送医院治疗。如睾丸挫伤，则用三角带吊起，卧床冷敷；肌肉、肌腱断裂者，将肢体固定包扎后送医院治疗。

预防：散打训练和比赛时，除戴上规定的护具外，还应加强运动员的自我保护能力的训练，并严格裁判，对禁踢部位要禁止粗野动作。

❖ 肌肉拉伤

当肌肉主动收缩超过了负担能力或伸展性时，就会造成肌肉细损伤、肌肉部分撕裂或完全断裂，称之为肌肉拉伤。

原因：散打运动中较常见的肌肉拉伤是大腿后群屈肌的肌肉拉伤，当侧踹动作过猛而又踹空时，较易发生腘绳肌起点或腹部的拉伤；又如运动员抱摔时，腰部用力、扭转过猛都有可能造成腰肌拉伤；长时间训练和连续比赛，疲劳积累，肌肉会僵硬、酸痛，如不注意也易造成肌肉拉伤；比赛或训练前准备活动不充分，也是造成肌肉拉伤的原因。

征象：有受伤史，受伤后局部疼痛、压痛、肿胀、肌肉紧张、发硬、痉挛、功能障碍。严重的肌肉拉伤往往有明显的肿胀及皮下瘀血。肌肉断裂者可出现凹陷或一端异常膨大。肌肉拉伤时受伤肌肉主动收缩或被动拉长时疼痛加重，肌肉收缩抗阻力试验阳性。

处理：伤后马上给予冷敷、局部加压包扎，包括制动、抬高伤肢，并把患肢放在使受伤肌肉松弛的位置以减轻疼痛。肌纤维轻度拉伤及有肌痉挛者，用针灸法可以取得很好的疗效，并可在 24 小时后进行按摩。肌纤维部分断裂者，48 小时后可开始按摩，但手法要轻缓。对怀疑有肌肉、肌腱完全断裂者，应在局部加压包扎固定患肢后，立即送医院确诊，必要时接受手术治疗。

在伤后康复期，肌纤维轻度拉伤时，伤部停训 2 ～ 3 天，而身体运动不一定要完全停止，可做些静力性肌肉收缩练习，但要避免那些易重复受伤的动作，7 天后可逐渐增加肌肉的力量和柔韧性练习，10 ～ 15 天后，症状基本消除，可投入正式训练，但训练时应使用保护支持带或戴上护腿。部分肌纤维断裂者应立即停训，最好能在肌肉松弛状态下休息 2 ～ 3 天，第 4 天后可在无痛范围内做伸展性练习，约 3 ～ 4 周后进行正常的专项训练。肌肉断裂经手术缝合的患者，术后固定期可做些不负重的收缩练习，拆线及去除固定后，应进行有效的伸展与提高肌力的练习，约 3 个月后再投入正常训练。

预防：加强易伤部位的力量和柔韧性练习，并加强屈肌与伸肌的力量平衡。训练和比赛前要做好充分的准备活动，合理安排运动量，改进技术动作以防肌肉拉伤。

❖ 关节韧带扭伤

原因：运动员训练水平不够，比赛或训练中攻防技术不到位，场地及身体状况等原因，都会造成关节韧带的扭伤。多发生腕关节、踝关节、膝关节、肩关节、肘关节、脊柱椎间小关节韧带扭伤。

征象：局部剧痛，出现肿胀，皮下瘀血；若损伤关节囊层，则整个关节会出现肿胀；关节功能出现障碍；局部压痛，牵拉受损韧带时疼痛加重。

处理：伤后应及时冷敷，加压包扎，适当制动和抬高伤肢，以利于减少出血和肿胀。局部伤用止血、消肿药；损伤较重者可以口服云南白药、止痛类药品等，24 小时后可进行局部按摩或理疗；如韧带断裂，应及早送医院治疗。

预防：加强关节周围有关肌群的力量韧带的柔韧性练习，提高关节的稳定性和活动幅度；加强运动场地的安全、卫生和医务监督工作；提高运动员专项技术水平，熟练掌握运动技术；充分做好准备活动，提高专项准备活动的质量。

❖ 关节脱位

关节脱位也称脱臼，指关节面之间失去正常的联系。

原因：关节脱位一般是由间接暴力所致。散打运动中最常见的是肩关节脱位。在发生关节脱位时，由于暴力作用还可伴有关节囊撕裂、关节周围软组织损伤，严重时还可伤及神经或伴有骨折。

征象：关节脱位发生后受伤关节疼痛、压痛、肿胀，关节功能

丧失，还会出现关节畸形的特有征象，表现为肢体的轴线发生变化，整个肢体呈一种特殊的姿势并与健侧不对称。通过 X 线检查可确定脱位的情况及有无骨折发生。

处理：立即用夹板和绷带在脱位所形成的姿势下固定伤肢，保持伤员冷静，尽快送医院处理。应该强调的是：在没有医生或没有整复技术时，不可随意做整复手术，以免加重关节周围损伤。

颈椎脱位时的固定：应由 3 人负责，其中一人专管伤员的头部的牵拉固定，保持头部与身体的直线位置不摇动、不转动，一人抬伤员上体，一人抬伤员下肢将伤员仰放在平板担架上，头颈侧用沙袋或衣服垫好，以防头部左右摇动，躯干用宽布带固定。

肩关节脱位时的固定：取三角巾两条，分别折成宽带，一条悬挂前臂，另一条绕过伤肢上臂，于健侧腋下缚结。

肘关节脱位时的固定：用铁丝夹板弯成合适的角度，置于肘后，用绷带缠稳，再用小悬臂带挂起前臂。如无铁丝夹板，可直接用大悬臂带包扎固定。

肩关节脱位的复位法：在肩关节急性脱位半小时内，由于患处反射性的神经传导阻滞处于麻木状态，不需麻醉就可复位。下面介绍的是一种简单易行的足蹬复位法。在肩关节脱位时，绝大多数为前脱位。当检查发现为肩关节脱位时，让伤员仰卧，术者半坐于患者床边，将一足跟置于伤员腋窝紧贴胸壁并向外推挤臂上端，双手握患肢腕部，以足跟顶住腋窝做牵引。左肩脱位时术者用左足，右肩脱位时用右足，用力持续牵引患肢，并逐渐内收、内旋即可复位。

❖ 急性腰部损伤

急性腰部损伤包括肌肉、韧带、筋膜及小关节扭伤。

原因：当运动员弯腰屈髋、伸膝突然向上爆发用力时；做侧鞭腿动作下肢动作快于躯干动作时；运动员自身腰、骶部肌力不足时；脊柱过度前屈又突然转体或脊柱超常范围运动时，均可造成腰部的急性损伤。

征象：肌肉轻度扭伤。患处隐痛，随意运动受限，不能弯腰，扭伤严重时因肌痉挛可引起脊柱生理曲线改变。腰扭伤时疼痛可牵痛至四肢，但仅局限在臀部、大腿后部和小腿感觉异常。

棘上韧带与棘间韧带扭伤。扭伤后局部压痛，过度前弯腰疼痛加重，而腰伸展时疼痛较轻，棘突上或棘突之间有局限而表浅的明显压痛点。如疼痛剧烈、压痛处韧带松弛而有凹陷，腰前屈时棘突间距离增大，提示可能为韧带完全断裂。

筋膜破裂。腰部扭伤可造成腰背筋膜破裂，多发生在骶棘肌鞘部和髂嵴上、下缘。患处有明显压痛，弯腰和扭转腰时疼痛加重，腰伸展时疼痛较轻。其余征象与肌肉扭伤相似。

处理：急性腰扭伤的病人一般应卧床休息，仰卧于有垫木板床上，腰部垫一薄枕，以便放松腰肌，也可以与俯卧位相间交替，避免受伤组织受牵扯，以利修复。轻度扭伤休息 2 ～ 3 天，较重扭伤需休息一周左右。伤后即可进行穴位按摩，一般都能止痛并使腰部活动度增加。此外，急性腰部扭伤后应配合外贴活络止痛膏，内服活络止痛药以及拔罐、针灸、理疗、局部注射强的松等方法，以取得更好的疗效。

预防：正确掌握技术要领，要提高腰、腹肌的协调性及应力性，避免伸膝、弯腰、屈髋的向上爆发力动作；腰部力量练习时适当使用护腰带。

散打运动生理卫生知识

❖ 为什么发烧时不宜进行散打练习?

散打是一项对抗性很强的体育项目，运动强度、密度都很大，发烧时进行散打练习，对身体是不利的。

首先，发烧时体内产生热增加，而进行散打运动时，肌肉组织的能量代谢增强，产热也增加，这样就热上加热，犹如火上添油，这种高热的刺激会对身体产生不良的影响。

其次，发烧时人体组织里的蛋白质大量分解，维生素大量消耗，而进行散打运动又进一步增加体内能量物质的消耗，这样就会更加削弱练习者的体力，降低抵抗力。

再次，发烧时心跳加速（一般体温每升高 1℃，心跳每分钟就增加 10 ～ 20 次），心搏出量增加，心脏负担加重。如果这时再进行散打练习，会进一步增加心脏的负担，有时甚至会造成急性心功能不全。

最后，更重要的一点，发烧常常是感染性疾病在体内发生和发展的反映，这时不宜参加散打运动，因为散打运动要不断地击打头、胸等部位，对于一个身体较弱的人，腹、胸、头等部位禁不起强有力的击打。

❖ 散打时“岔气”怎么办?

在散打训练中，如侧踢腿、打摆拳等，偶尔出现“岔气”。其症状是局部有压疼，但大多数不出现肿胀。为什么会“岔气”？常见原因：一是运动前准备活动不充分；二是没有适当活动就突然发力；三是活动时没有合理利用深呼吸，呼吸没节奏、频率太快、深度不够，

使呼吸肌连续过快地收缩，长时间得不到放松；四是活动前身体过度疲劳、虚弱，或长时间没有参加运动；五是大量出汗，使体内氯化钠含量过低。有些人甚至偶尔急转身也可能引起“岔气”。

❖ 遇到“岔气”怎么办?

深吸气后将气憋住，自己或请人握拳用力自上而下捶击胸腔两侧或痛侧胸背，再深深做深长呼气。这样反复做几次后可使呼吸肌放松，疼痛就会缓减。调整呼吸节律，可连续做数次深呼吸，自己用手挤压痛处，疼痛可减轻。

❖ 怎样才能消除疲劳?

长期坚持大量的散打训练，反复练习一种动作，如打左直拳、侧左踢腿等，肌肉受到长时间、频繁的刺激，产生强烈的兴奋，到了一定程度，兴奋就会转为抑制，如果继续训练，这种抑制过程就会加强而导致疲劳。

在疲劳时，往往会产生精神不振、反应迟钝、动作不协调等现象，这时如果进行实战练习是十分危险的。如果长期处于疲劳状态，得不到适当的休息，疲劳就会积累，而产生运动过度。因此及时消除疲劳是很重要的。

适当地安排运动量和合理地安排练习内容，能有效地防止疲劳的产生。如在一次练习课中，注意上下肢内容的搭配，使身体各部分交替练习，非主要练习部位可得到主动休息。

当疲劳产生时，适当的休息是消除疲劳的重要手段。可以做一些肌肉放松练习或静止性休息，如睡眠；每天有一定的睡眠时间，使人体处于相对安静状态，各器官系统都可以得到休息，这是消除疲劳的有效方法。另外，训练时应减少运动量或者停止训练一段时间，待身体恢复后再进行训练。

❖ 为什么饭后不宜做散打练习?

饭后立即做剧烈的散打练习，会抑制消化液分泌和导致消化道痉挛，同时因参加剧烈运动，全身骨骼肌肉的血液供应增加，胃及内脏的血液供应就会减少，从而容易造成消化不良和吸收不良。另外，在激烈的散打中被对方击中腹、肋、背部，还会出现呕吐。因此，饭后立即进行散打练习是不适宜的。

一般在饭后一小时以后可以从事散打基本技术练习，一个半小时以后可以进行实战练习。

❖ 为什么在参加比赛前心跳和呼吸会加快?

比赛前心跳和呼吸加快是一种生理现象，叫作赛前状态。人在每次训练或比赛时，心跳和呼吸都会由于运动而加快，经常重复之后，“比赛”或“运动”的概念或者比赛和运动场地的设备等就成为肌肉运动的刺激信号，与肌肉运动建立了牢固的条件反射。以后只要听到要比赛或运动，或是到比赛的场地看到裁判员，尤其是自己的对手，内脏器官就会发生类似肌肉运动时的变化，如呼吸急促、心跳加快等。这种现象对比赛有好处，这象征着内脏器官已为即将到来的肌肉运动做好了准备，在运动时就能更快发挥它们的功能。

❖ 散打比赛前不做准备活动行不行?

有些运动员认为散打比赛运动量很大，为了保持体力不做准备活动，这是不对的。准备活动是运动前和比赛前所必须进行的活动，目的是使人体能够有准备得以从安静状态逐步过渡到紧张的肌肉活动状态。活动时，体内的生理活动变化很大，运动对中枢神经系统、内脏器官和运动器官（肌肉、骨骼）的要求较高。要使运动员的身体状况达到一定的功能水平，适应运动的需要，这不是上运动场马上就能做到的。若事先不做任何活动，动作就会不灵敏，出击速度不快，防守不及时，甚至还容易造成肌肉、肌腱、韧带的撕裂和损伤，骨骼、关节等还有可能被对方击伤或摔伤。因此运动或比赛前，有目的地通过一些练习，提高中枢神经系统的兴奋性，使肌体各器官系统的活动加强，以克服机体的生理惰性。另外，还要做一些头、腹、胸等部位抗击打能力的练习，以防在比赛中受到击打而承受不了。

第八章

国际通用散打竞赛规则与裁判法

第一节 通 则

第一条 竞赛性质

团体比赛、个人比赛。

第二条 竞赛办法

（一）循环赛、淘汰赛。

（二）每场比赛采用三局两胜制，每局净打 2 分钟，局间休息 1 分钟。

第三条 资格审查

（一）运动员必须持有所代表国家或地区的护照。

（二）成年运动员的参赛年龄为 18 ～ 35 周岁。青少年运动员的参赛年龄为 15 ～ 18 周岁以下。

（三）运动员必须有参加该次比赛的人身保险证明。

（四）运动员参赛时必须出示至报到之日起前 20 天内的包括脑电图、心电图、血压、脉搏等指标在内的体格检查证明。

第四条 体重分级

（一）48 公斤级（小于等于 48 公斤）

（二）52 公斤级（大于 48 公斤小于等于 52 公斤）

（三）56 公斤级（大于 52 公斤小于等于 56 公斤）

（四）60 公斤级（大于 56 公斤小于等于 60 公斤）

（五）65 公斤级（大于 60 公斤小于等于 65 公斤）

（六）70 公斤级（大于 65 公斤小于等于 70 公斤）

（七）75 公斤级（大于 70 公斤小于等于 75 公斤）

（八）80 公斤级（大于 75 公斤小于等于 80 公斤）

（九）85 公斤级（大于 80 公斤小于等于 85 公斤）

（十）90公斤级（大于85公斤小于等于90公斤）

（十一）90公斤以上级（大于90公斤）

第五条 称量体重

（一）称量体重须在仲裁委员的监督下，由检录长负责，编排、记录员配合完成。

（二）经资格审查合格后，方可参加称量体重。称量体重时必须携带本人护照。

（三）运动员必须按照大会规定的时间到指定地点称量体重。称量体重时裸体或只穿短裤（女运动员可穿紧身内衣）。

（四）称量体重先从体重轻的级别开始，每个级别在1小时内称完。如体重不符，在规定的称量时间内达不到报名级别时，则不准参加以后所有场次的比赛。

第六条 抽签

（一）抽签由编排记录组负责，有仲裁委员会主任、总裁判长及参赛队的教练或领队参加。

（二）抽签在第一次称量体重后进行。抽签由小级别开始，如本级别只有一人，则不能参加比赛。

（三）由各队教练员或领队为本队运动员抽签。

第七条 服装护具

（一）运动员必须穿戴大会指定的拳套、护头、护胸。运动员须自备护齿、护裆（护裆必须穿在短裤内）。比赛的护具分红、黑两种颜色。

（二）运动员必须穿与比赛护具颜色相同的背心和短裤（女运动员可穿紧身内衣）。

（三）拳套的重量：65公斤级及以下级别的拳套重量为230克

（女子和青少年运动员均使用该重量的拳套）；70 公斤级及以上级别的拳套重量为 280 克。

第八条　竞赛中的礼节

（一）介绍运动员时，运动员向观众行抱拳礼。

（二）每局比赛开始前，运动员在台上向本方教练员行抱拳礼，教练员还礼。

（三）宣布结果时，运动员交换站位，宣布结果后，运动员先相互行抱拳礼，再同时向台上裁判员行抱拳礼，裁判员回礼，然后向对方教练员行抱拳礼，教练员回礼。

（四）边裁判员换人时，互相行抱拳礼。

第九条　弃权

（一）比赛期间，运动员因伤病（需有大会医生出具的诊断证明）或体重不符不能参加比赛者，做弃权论，不再参加以后的比赛，但已进入名次的成绩有效。

（二）比赛进行时，运动员实力悬殊，为保护本方运动员的安全，教练员可举弃权牌表示弃权，运动员也可举手要求弃权。

（三）不能按时参加称量体重，赛前 3 次点名未到或点名后擅自离开，不能按时上场者，做无故弃权论。

（四）比赛期间，运动员无故弃权，取消本人全部成绩。

第十条　竞赛中的有关规定

（一）临场执行裁判人员应集中精力，不得与其他人员交谈，未经裁判长许可不得离开席位。

（二）运动队必须遵守规则，尊重和服从裁判。在场上不准有吵闹、谩骂、甩护具等任何表示不满的行为。每场比赛未宣布比赛结果前，运动员不得退场（因伤急救者除外）。

（三）比赛时教练员和本队医生坐在指定位置。局间休息时，允许给运动员按摩和指导。

（四）运动员严禁使用兴奋剂，局间休息时不能输氧。

第二节 裁判人员及其职责

第十一条 裁判人员的组成

（一）总裁判长 1 人，副总裁判长 1 ～ 2 人。

（二）临场裁判组：裁判长、副裁判长、台上裁判员、记录员、计时员各 1 人，边裁判员 3 人或 5 人。

（三）编排记录长 1 人。

（四）检录长 1 人。

第十二条 辅助裁判人员的组成

（一）编排记录员 4 人。

（二）检录员 3 ～ 5 人。

（三）医务人员 2 ～ 3 人。

（四）宣告人员 1 ～ 2 人。

第十三条 裁判人员的职责

（一）总裁判长

1. 负责组织裁判人员学习竞赛规程和规则，研究裁判方法。

2. 检查落实场地、器材、裁判用具及称量体重、抽签、编排等有关竞赛的准备工作。

3. 根据竞赛规程、规则的精神，解决竞赛中的有关问题，但不能修改竞赛规程和规则。

4. 比赛中指导各裁判组的工作，根据需要可以调动裁判人员。

5. 每场比赛，运动员因弃权变动秩序，应及时通知裁判长、编排记录长和宣告员。

6. 裁判组出现有争议的问题，有权做出最后决定。

7. 负责检查裁判人员执行规则的情况。

8. 审核、签署和宣布比赛成绩。

9. 向组委会递交书面总结。

（二）副总裁判长

副总裁判长协助总裁判长工作，总裁判长缺席时，可代行总裁判长的职责。

（三）裁判长

1. 负责本组裁判员的学习和工作安排。

2. 比赛中监督、指导裁判员、计时员、记录员的工作。

3. 台上裁判员有明显错判、漏判时，鸣哨提示改正。

4. 当比赛结果出现明显反判时，在宣布结果前征得总裁判长同意后可以改判。

5. 每局比赛结束后，宣告评判结果，决定胜负。

6. 根据场上运动员的情况和记录员的记录，处理优势胜利、下台、处罚、强制读秒等有关规定事宜。

7. 每场比赛结束时，审核、签署比赛成绩。

（四）副裁判长

副裁判长协助裁判长的工作，根据需要可以兼任其他裁判员的工作。

（五）台上裁判员

1. 严格执行规则，公正裁判。

2. 检查场上运动员的护具，保证安全比赛。

3. 用口令和手势指挥运动员进行比赛。

4. 判定运动员倒地、下台、犯规、消极、强制读秒、临场治疗等有关事宜。

5. 宣布每场比赛结果。

（六）边裁判员

1. 根据规则判定运动员的得分。

2. 每局结束后，根据裁判长信号，同时迅速显示评判结果。

3. 每场比赛结束，在记分表上签名并保存，以备检查核实。

（七）记录员

1. 赛前认真填写每对运动员记录表。

2. 参加称量体重并将每名运动员的体重填入每场比赛的统计表。

3. 根据台上裁判员的口令和手势，记录运动员被警告、劝告、强制读秒、下台的次数。

4. 记录边裁判员每局的评判结果，确定胜负后报告裁判长。

（八）计时员

1. 赛前检查铜锣、计时钟，核准秒表。

2. 负责比赛、暂停、局间休息的计时。

3. 在无电子计分系统的情况下，每局赛前 10 秒钟鸣哨通告，并在每局比赛结束时鸣锣通告。

4. 宣读边裁判员的评判结果。

（九）编排记录长

1. 负责运动员资格审查，审核报名单。

2. 负责组织抽签，编排每场秩序表。

3. 准备竞赛中所需要的表格，审查核实成绩、录取名次。

4. 登记和公布各场比赛成绩。

5. 统计和收集有关材料，汇编成绩册。

（十）编排记录员

根据编排记录长分配的任务进行工作。

（十一）检录长

1. 负责称量运动员体重。

2. 负责护具的准备与赛中管理。

3. 赛前 20 分钟负责召集运动员点名。

4. 点名时，如出现运动员不到或弃权等问题，及时报告总裁判长。

5. 按照规则的要求，检查运动员的服装和护具。

（十二）检录员

根据检录长分配的任务进行工作。

（十三）宣告员

1. 摘要介绍竞赛规程、规则和有关的宣传材料。

2. 介绍裁判员、场上运动员。

3. 宣告评判结果。

（十四）医务人员

1. 审核运动员《体格检查表》。

2. 配合兴奋剂检测人员检查运动员是否使用违禁药物。

3. 负责赛前对运动员进行体检抽查。

4. 负责临场伤病的治疗与处理。

5. 负责因犯规造成运动员受伤情况的鉴定。

6. 负责竞赛中的医务监督，对因伤病不宜参加比赛者，应及时向总裁判长提出停赛建议。

第三节　仲裁委员会及其职责

第十四条　仲裁委员会的组成

由主任、副主任、委员 3 人或 5 人组成。

第十五条　仲裁委员会的职责

（一）仲裁委员会在大会组委会的领导下进行工作。主要负责监督比赛的竞赛工作，包括监督检查场地设施、比赛器材、编排、抽签、运动员称量体重及裁判员分组安排等内容。

在比赛中对裁判员的评判工作进行监督。如在比赛中，发现裁判员的评判有明显不公正和不准确的行为时，仲裁委员会有权向裁判组和总裁判组提出警告，严重者可建议国际武联技委会免去该裁判员在该次比赛中的裁判工作，以保证竞赛的正常进行。

（二）受理参赛队对裁判执行竞赛规程、规则的判决结果有异议的申诉，但只限对本队裁决的申诉。

（三）接到申诉后，应立即进行处理，并将裁决结果及时通知有关各方。

（四）根据申诉材料提出的情况，必要时可以复审录像，进行调查。召开仲裁委员会讨论研究，可以吸收有关人员列席会议，但无表决权。仲裁委员会出席人数必须超过半数以上，表决时超过半数以上做出的决定方为有效。表决结果相等时，仲裁委员会主任有终裁权。

（五）仲裁委员会成员不参加与本人所在国家或地区有牵连问题的讨论和表决。

（六）对申诉材料提出的问题，经过严格认真复审，确认原判无误，则维持原判；如确认原判有明显错误，仲裁委员会提请国际武联技委会对错判的裁判员按有关规定进行处理，但不能改变比赛结果。仲裁委员会的裁决为最终裁决。

第十六条　申诉程序及要求

（一）参赛队如果对判决结果有异议，必须在该运动员比赛结束后 15 分钟内，由本队领队或教练向仲裁委员会提出书面申诉，同时交付100美元的申诉费。如申诉正确，退回申诉费；申诉不正确的，则维持原判，申诉费不退。

（二）各队必须服从仲裁委员会的最终裁决。如果因不服裁决无理纠缠，将视情节轻重，按照国际武联的有关规定进行严肃处理。

第四节　使用方法、得分标准与判罚

第十七条　使用方法

可以使用武术散打的各种攻防招法。

第十八条　禁用方法

（一）用头、肘、膝和致使反关节的动作攻击对方。

（二）用迫使对方头部先着地的摔法或有意砸压对方。

（三）用任何方法攻击倒地方的头部。

第十九条　禁击部位

后脑、颈部、裆部。

第二十条　得分部位

头部、躯干、大腿。

第二十一条　得分标准

（一）得2分

1. 一方下台，另一方得2分。

2. 一方倒地，站立者得2分。

3. 用腿法击中对方头部、躯干得2分。

4. 用主动倒地的动作致使对方倒地，而自己顺势站立者，得2分。

5. 被强制读秒一次，对方得2分。

6. 受警告一次，对方得2分。

（二）得 1 分

1. 用拳法击中对方头部、躯干部位得 1 分。

2. 用腿法击中对方大腿得 1 分。

3. 先后倒地，后倒地者得 1 分。

4. 用主动倒地的动作致使对方倒地，而自己不能顺势站立者，得 1 分。

5. 运动员被指定进攻后 8 秒钟内仍不进攻，对方得 1 分。

6. 主动倒地 3 秒钟不起立，对方得 1 分。

7. 受劝告一次，对方得 1 分。

（三）不得分

1. 方法不清楚，效果不明显，不得分。

2. 双方下台或同时倒地，不得分。

3. 用方法主动倒地，对方不得分。

4. 抱缠时击中对方，不得分。

第二十二条　犯规与罚则

（一）技术犯规

1. 消极搂抱对方或消极逃跑。

2. 处于不利状况时举手要求暂停。

3. 有意拖延比赛时间。

4. 比赛中对裁判员有不礼貌的行为或不服从裁判。

5. 上场不戴或吐落护齿，有意松脱护具。

6. 运动员不遵守礼节。

（二）侵人犯规

1. 在口令“开始”前或喊“停”后进攻对方。

2. 击中对方禁击部位。

3. 用不允许的方法击中对方。

（三）罚则

1. 每出现一次技术犯规，劝告一次。

2. 每出现一次侵人犯规，警告一次。

3. 侵人犯规达 3 次，取消该场比赛资格。

4. 运动员故意伤人，取消比赛资格，所有成绩无效。

5. 运动员使用违禁药物，局间休息时输氧，取消比赛资格，所有成绩无效。

第二十三条　暂停比赛

（一）运动员倒地（主动倒地除外）或下台时。

（二）运动员犯规受罚时。

（三）运动员受伤时。

（四）运动员相互抱缠没有进攻动作或无效进攻超过 2 秒或消极逃跑时。

（五）运动员主动倒地超过 3 秒时。

（六）运动员由于客观原因举手要求暂停时。

（七）裁判长纠正错判、漏判时。

（八）处理场上问题或发现险情时。

（九）因灯光、场地等客观原因影响比赛时。

（十）被指定进攻超过 8 秒仍不进攻时。

第五节　胜负与名次评定

第二十四条　胜负评定

（一）优势胜利

1. 在比赛中，双方实力悬殊，台上裁判员征得裁判长的同意，判技术强者为该场胜方。

2. 被重击（侵人犯规除外）倒地不起达 10 秒，或虽能站立但知觉失常，判对方为该场胜方。

3. 一场比赛中，被重击强制读秒（侵人犯规除外）达 3 次，判对方为该场胜方。

（二）每局胜负判定

1. 在每局比赛结束时，依据边裁判员的评判结果，判定每局胜负。

2. 一局比赛中，一方受重击被强制读秒（侵人犯规除外）2 次，另一方为该局胜方。

3. 一局比赛中，一方 2 次下台，另一方为该局胜方。

4. 一局比赛中，双方出现平局时，按下列顺序判定胜负：

（1）受警告少者为胜方。

（2）受劝告少者为胜方。

（3）当天体重轻者为胜方。

5. 如上述 3 种情况仍相同，则为平局。

（三）每场胜负判定

1. 一场比赛，先胜两局者为该场胜方。

2. 比赛中，运动员出现伤病，经医生诊断不能继续比赛者，判对方为该场胜方。

3. 比赛中，因一方犯规，另一方诈伤，经医务监督确诊后，判犯规一方为该场胜方。

4. 因对方犯规而受伤，经医务监督检查确认不能继续比赛者，为该场胜方。但不得参加以后的比赛。

5. 循环赛时，一场比赛中，如获胜局数相同时，则为平局。

6. 淘汰赛时，一场比赛中，如获胜局数相同，按下列顺序决定胜负：

（1）受警告少者为胜方。

（2）受劝告少者为胜方。

如仍相同，则加赛一局，依此类推。

第二十五条　名次评定

（一）个人名次

1. 淘汰赛时，直接产生名次。

2. 循环赛时，积分多者名次列前，若两人或两人以上积分相同时，按下列顺序排列名次：

（1）负局数少者列前。

（2）受警告少者列前。

（3）受劝告少者列前。

（4）体重轻者列前（以抽签体重为准）。

上述 4 种情况仍相同时，名次并列。

（二）团体名次

1. 名次分

（1）各级别录取前 8 名时，分别按 9、7、6、5、4、3、2、1 的得分计算。

（2）各级别录取前 6 名时，分别按 7、5、4、3、2、1 的得分计算。

2. 积分相等时的处理办法

两个或两个以上的团体分数相等时，按下列顺序排列名次：

（1）按个人获第 1 名多的队名次列前；如再相等时，按个人获第 2 名多的队名次列前，依此类推。

（2）受警告少的队名次列前。

（3）受劝告少的队名次列前。

如以上几种情况仍相等时，名次并列。

第六节　口令与手势

第二十八条　台上裁判员口令与手势

（一）抱拳礼

双腿并立，左掌右拳于胸前相抱，高与胸齐，手与胸之间距离为 20 ～ 30 厘米。

（二）上台

站立在擂台中央成侧平举，掌心朝上指向双方运动员。在发出指令的同时，屈臂侧举呈 90°，掌心相对。

（三）双方运动员行礼

双臂屈于体前，左掌盖于右拳背之上，示意运动员行礼。

（四）第一局

面向裁判长席，呈弓步，在发出“第一局”口令的同时，一手食指竖起，其余 4 指弯曲成握拳状，直臂前举。

（五）第二局

面向裁判长席，呈弓步，在发出“第二局”口令的同时，一手食指、中指伸直分开竖起，其余 3 指弯曲，直臂前举。

（六）第三局

面向裁判长席，呈弓步，在发出“第三局”口令的同时，一手拇指、食指、中指分开竖起，其余两指弯曲，直臂前举。

（七）“预备—开始”

立于双方运动员中间呈弓步，在发出“预备”口令的同时，两臂伸直，仰掌指向双方运动员。在发出“开始”口令的同时，两手俯掌内合于腹前。

（八）“停”

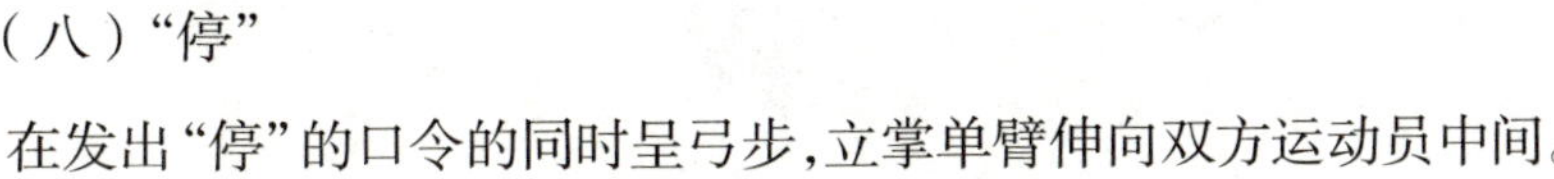

在发出“停”的口令的同时呈弓步，立掌单臂伸向双方运动员中间。

（九）消极 8 秒

一手小指和无名指弯曲，在发出“某方”口令的同时，其余 8 指自然分开伸直，上举于体前。

（十）读秒

面对运动员，屈臂握拳于体前，拳心朝前，从一手拇指至小指依次张开，间隔 1 秒。

（十一）消极搂抱

双手环抱于体前。

（十二）强制读 8 秒

面向裁判长席，单臂拇指竖直，其余 4 指弯曲。

（十三）3 秒

一臂伸直，仰掌斜上举指向某方运动员，在发出“某方”口令的同时，另一手拇指、食指、中指自然分开，其余两指弯曲，自腹前向外横摆于体侧。

（十四）指定进攻

单臂伸向双方运动员中间，拇指伸直，其余 4 指弯曲，手心朝下，在发出“某方”进攻口令的同时，向拇指方向横摆。

（十五）倒地

一臂伸直指向倒地一方，在发出“某方”口令的同时，手心朝上，另一臂屈于体侧，掌心朝下。

(十六) 倒地在先

一臂伸直指向先倒地一方，在发出“某方”口令的同时，两前臂在腹前交叉，掌心朝下。

（十七）同时倒地

两臂体前平伸，后拉下按，掌心朝下。

（十八）一方下台

一臂前平举指向下台一方，在发出“某方”口令的同时，另一手立掌，手心朝前，呈弓步，向前平推。

（十九）双方下台

弓步，双手立掌，手心朝前，向前平推伸直。而后屈臂上举于体前呈 90° ，掌心朝后，呈并步直立。

（二十）踢裆

一臂伸直指向犯规运动员，在发出“某方”口令的同时，掌心向内指向裆部。

（二十一）击后脑

一臂伸直指向犯规运动员，在发出“某方”口令的同时，另一手俯按后脑。

（二十二）肘犯规

双臂屈于胸前，在发出“某方”口令的同时，一手俯盖于另一肘部。

（二十三）膝犯规

提膝，在发出“某方”口令的同时，用手拍盖膝部。

（二十四）警告

一臂伸直指向犯规运动员，掌心朝上，在发出“某方”口令的同时，另一手示出犯规现象后，屈臂握拳上举于体前呈 90°，拳心朝后。

（二十五）劝告

一臂伸直，掌心朝上指向犯规运动员，在发出“某方”口令的同时，屈臂立掌上举于体前呈 90°，掌心朝后。

（二十六）取消比赛资格

两手握拳，在发出“某方”口令的同时，两前臂交叉于胸前。

（二十七）无效

两臂伸直，在腹前交叉摆动 1 次。

（二十八）急救

面对大会医务席，两手立掌，两前臂在胸前呈十字交叉。

（二十九）休息

仰掌，侧平举指向双方运动员休息处。

（三十）交换站位

站立在擂台中央，双臂伸直在腹前交叉。

（三十一）平局

平行站于两名运动员中间，握两侧运动员手腕上举。

（三十二）获胜

平行站于两名运动员中间，一手握获胜运动员手腕上举。

第二十七条　边裁判员手势

（一）下台或倒地

一手食指伸直向下，其余 4 指弯曲。

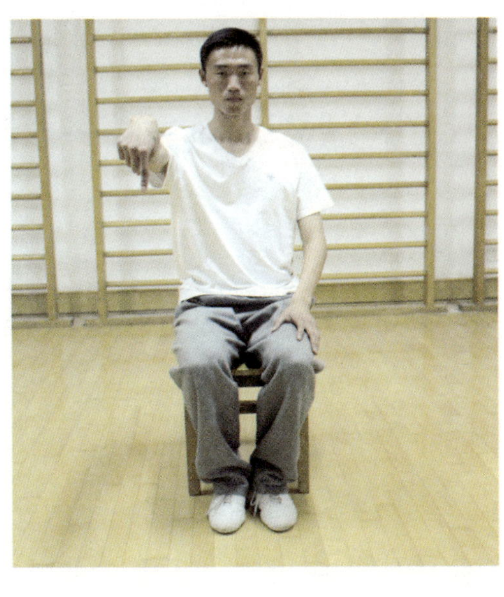

（二）没下台或没倒地

一手立掌，左、右摆动1次。

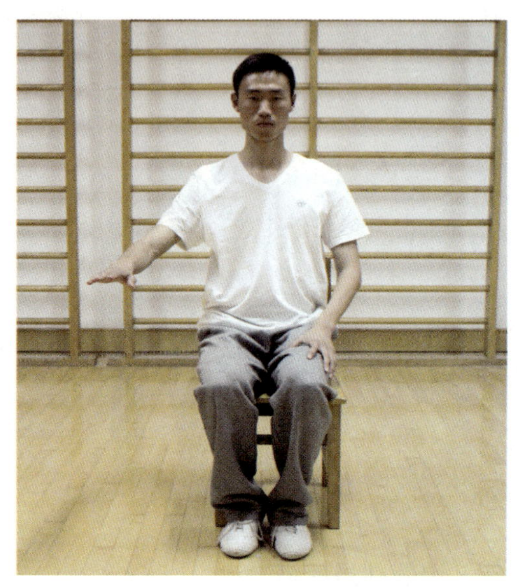

（三）没看清

双手仰掌由体前向外屈肘平摆。

图书在版编目（CIP）数据

散打 / 马传浩编著. -- 长春：吉林文史出版社, 2014.7（2023.6重印）

ISBN 978-7-5472-2230-0

Ⅰ. ①散… Ⅱ. ①马… Ⅲ. ①散打（武术）– 基本知识 Ⅳ. ①G852.4

中国版本图书馆CIP数据核字(2014)第133985号

散打

SANDA

出版人 张 强
主　　编 周殿学　周洪生
编　　著 马传浩
责任编辑 王 新
封面设计 袁 野
出版发行 吉林文史出版社
地　　址 长春市福祉大路5788号
网　　址 www.jlws.com.cn
开　　本 720mm×1000mm 1/16
印　　张 12
字　　数 100千
印　　刷 天津市天玺印务有限公司
版　　次 2015年5月第1版　2023年6月第5次印刷
书　　号 ISBN 978-7-5472-2230-0
定　　价 59.80元